中学生素质训练丛书

说长道短

——当代中学生热门话题

金新 蒋平

北方妇女儿童出版社

图书在版编目（CIP）数据

说长道短：中学生热门话题 / 金新，蒋平编著．—2 版．—长春：
北方妇女儿童出版社，2011.9
（中学生素质训练丛书）
ISBN 978 -7 -5385 -0976 -2

Ⅰ．①说… Ⅱ．①金… ②蒋… Ⅲ．①中学生—思想修养
Ⅳ．①G635.5

中国版本图书馆 CIP 数据核字（2011）第 180000 号

说长道短

——中学生热门话题

编　　著：金 新　蒋 平
责任编辑：师晓辉
出版发行：北方妇女儿童出版社
（长春市人民大街 4646 号　电话：0431 -85640624）
印　　刷：北京九天志诚印刷有限公司
开　　本：650mm ×960mm　1/16
印　　张：15
字　　数：245 千字
版　　次：2012 年 4 月第 2 版
印　　次：2013 年 11 月第 2 次印刷
书　　号：ISBN 978 -7 -5385 -0976 -2
定　　价：29.80元

百年树人，素质第一。

巴金

一九九二年十月九日

《中学生素质训练丛书》编委会

题　辞

教育的根本宗旨在于提高广大人民，特别是青年一代的素质，以适应精神文明和物质文明建设的需要。但在实施中往往遇到干扰，这些年最严重的，难以排除的干扰要算片面追求升学率了。提高素质与应试本来并不矛盾，但由于此种干扰，教学工作往往淡化了前者而浓化了后者，产生了非常不利的影响。

这个问题的症结所在以及最终解决，虽然不在教学工作本身，但振臂一呼，高揭提高素质这个宗旨，是大有好处的。因此，我为这套"中学生素质训练丛书"的出版热烈鼓掌。

刘国正

目录

国家·民族篇

教育·科学篇

改革·开放篇

开拓·创造篇

理想·奉献篇

学习·勤奋篇

勇敢·进取篇

自强·自立篇

生命·时间篇

道德·修养篇

青春·个性篇

成长·环境篇

交友·待人篇

新潮·时髦篇

推陈·出新篇

哲理·思辨篇

国家·民族篇

（一）立意指南

我以我血荐轩辕

老舍先生曾以微笑中隐含着严肃和悲哀的方式，借常四爷的口说了一句话："我爱咱们的中国呀，可是谁爱我呢?"表现了对那个时代，那个社会的强烈的不满和悲哀的情结。时光悠悠，到了今天，我们该如何去解这一个结呢?

人是社会的人，社会是人的社会。每个人的命运总和他的国家、他的民族的命运紧紧绾在一起的。人与国家、人与民族，这是一个亘古久远的话题，又是一个永远崭新的话题，是一个像大山里流出的水那样永远纯真永远清新的话题，一个叫人生生死死都为之思索而无法逃避的话题。认真地填好这份答卷，既是一种痛苦消除后的踏实，又是一种意味隽永的惬意。

爱自己的国家，爱自己的民族，首先立足于这样的一个基本的认同：荣辱与共。我们既能享受国家民族富强时的那份自豪，同时又能承担国家民族困厄时的那份责任。既不需要山盟海誓式的承诺，也不应该怨天尤人式的逃避；既不能因为长城的雄伟、故宫的庄严而沾沾自喜、傲视天下，也不能因为戈壁的荒芜、黄河的原始而斤斤计较、自绝于斯。爱国家爱民族，是一种子女对父母的眷恋，是树叶对根的深情；颂国颂民族，是一种子女对父母的骄傲，是没有前提没有理由的内心沉静和投荐。

屈原的"余将董道而不豫兮，固将重昏而终穷"，文天祥的"臣心一片磁针石，不指南方不肯休"，鲁迅的"我以我血荐轩辕"……中华民族几千年来的发展史证明了这一切并不是简单的许诺，而是一次光明磊落的实践。在九百六十万平方公里的土地上，我们的人民兢兢业业所认定的正是这样的神圣的事业。他们的生平也许很平凡，也许不曾有过轰轰烈烈，但是他们以自己生于斯效于斯的忠贞，证明着几千年来这方土地上的仁人志士都在求证的命题，证明着爱国爱民族没有看客，证明着参与与存在的价值、意义、辉煌。

（二）习作选评

我的民族观

苏州中学高三　王建群

民族是指历史上形成的人的稳定的共同体。它有共同语言、共同地域、共同经济生活和表现于共同文化上的共同心理素质。民族本是一个世袭的称号，你属于哪个民族，在你出生时就决定了。“民族”对我们来说究竟有什么意义呢？

“民族”对我们来说是荣誉和责任。现在我们中的一部分人不论讲到什么都是外国的好，仿佛别国土地上的阳光也比我们国土上的灿烂。当然国外的东西有的确实比我们的好，但也不是什么都好。爱滋病就是一例，我想没有人会说它是先进的。各个民族都有起源的背景，也都有长处和短处。没有一个民族会是十全十美的，也没有一个民族一无所长。当这些爱赞颂外国的人滔滔不绝地谈论外国的东西如何好时，是否想到自己也有一个可爱的祖国，优秀的民族，自己还是这个民族的子孙？

我们的先辈用鲜血和生命换来了我们中华民族独立自主的今天，作为中华民族的后代，应该发扬不屈不挠、自强不息的精神。特别是经受了十年动乱的挫折后，我们更应该吸取历年来的教训，总结经验，重振旗鼓，振兴我们的民族。不少人正是这样做的。中国女排的姑娘们，戍守在祖国南疆的勇士们，以及在各个岗位上勤恳工作的建设者们，他们从我们民族的遗产中继承了最优秀的品格——不屈不挠、自强不息。

但是有的人的灵魂好像天生就那么脆弱，在物质利益的引诱下做了违背民族利益、违背人民意愿的坏事，在外国人面前出了丑，给我们中华民族的形象抹了黑。也有少数人成了可耻的叛国者。我认为一个真正的人应该屹立在艰苦困难的战场上，他的命运也就是民族的命运。他不逃避，他不畏惧，他以创造幸福为欢乐，他宁愿作自己土地上辛勤开垦的拓荒者，也不愿意在他人丰腴的田园里作一名乞食的长工，作一只吃些草叶的羊羔，哪怕那里的草叶很肥美。双脚游移在别人的土地上，痛苦和欢乐也就会因为失去了家乡而变得苍白缥缈。最优秀的人物不会永远离开自己民族亘古如斯的土地。世界如此，历来如此。有位著名影星说得好：我的艺术是属于我们的民族的，离开了十亿人民，我的艺术就失去了价值。离开了哺育我们的土地，我们的一切就失去应有的价值。

作为中华民族的后代，我们应该立足于自己的民族，清醒地认识我们民族的过去、现在和将来。我们的国家不同于西方国家，我们的民族不同于西方民族，无视这种差异来谈民族，谈责任，其实是一种不负责任的态度。当然，并不是说立足于自己的民族就是不要向国外学习先进的科学技术，再回到闭关锁国，满足于靠小农经济维持起码生活的状况中去。相反，我们应该以“取其精华，舍其糟粕”的态度对待外国的科技与文化，消化其精华部分，变为我们自己的营养。

“大江东去，浪淘尽，千古风流人物”。一切都会过去，唯有民族长存！

〔评析〕　作者立意于“荣誉”和“责任”两方面，正反对比论证“我的民族观”，从宏观上立论，微观上去分析，最后提出：“作为中华民族的后代，我们应该立足于自己的民族，清醒地认识我们民族的过去、现在和将来。”既提出问题、分析问题，又解决问题。论证完整，说理深刻恳切。

究竟有几个中国？

杭州学军中学初三　赵育倩

究竟有几个中国？一见这个问题，大家都会不由自主地想起前几天发生的两宗大事来。一是达赖喇嘛在美国四处活动，竭力鼓吹西藏“独立”；二是台湾当局在强大的民众压力下终于决定允许台湾民众回大陆探亲。

这是怎样的巧合啊！前者从未“独立”过，后者脱离大陆已近四十年。如今，前者要“独立”，而后者却要往来。

正义的人们对此作何评价呢？我们不妨先来看看这段新闻：“前不久，泰国政府已拒绝为达赖办理入泰签证手续。当局表示，他们只承认一个中国。”再细阅一下连日来的报纸，可以看到，多少有识之士对台湾当局的“明智”行动作了充分的肯定。这正是“得道者多助，失道者寡助”啊！

至此，我们已不难明辨谁是谁非了。

事实是，只有一个中国。这并非哪个人随心所欲的杜撰，而是历史的结论。那些居心叵测的阴谋家们胡说什么西藏是“数世纪的独立国”，是对我国史实的肆意歪曲。清朝初年，西藏已是清政府有效管辖的地区。公元1655年，清政府曾赐五世达赖金册、金印，封之为“西天大善自在佛所领天下释教普通瓦赤喇怛达赖喇嘛”，法定了达赖的封号，确定了他在西藏的政治地位。后来，为了加强西藏地方与中央政府的隶属关系，清政府又设置了驻藏大臣，连达赖的合法继承人也是在驻藏大臣的主持下“就床”的。这一切都说明：西藏是中国不可分割的领地。

也许达赖会说：“这可能是真的，但我所倡导的是藏民族的独立。”然而，中国历来是多民族国家，众多民族有一个共同的称呼，那就是中华民族！汉族和藏族一样也只是其中的一个分支。正如不能说北京人统治着杭州人一样，怎么可以说汉族统治着藏族呢？相反的，汉藏两族人民应该紧紧团结起来，共御外敌，并一起为建设共同的国家努力。自西藏和平解放以来，汉藏两族人民和全国许许多多的少数民族一道，已经取得了很大的成就。且不论西藏人民过去在寺院、贵族的压迫下过着怎样凄惨的农奴生活，光看看当前藏民族在各兄弟民族的帮助下所呈现的繁荣昌盛就可知道，提出所谓的“独立”是多么的愚蠢了。

罗贯中曾说：“天下大势，分久必合，合久必分。”是对古代的社会制度而言的。而在现在这样顺乎民心、合乎民情的情况下导演所谓的“三足鼎立”的人，只会搬起石头砸自己的脚，成为历史的罪人！

古人张乔曾为歌颂民族团结而写下“蕃情似此水，长愿向南流”的诗句，让我们也为中华民族团结向上，共图大业唱一曲赞歌吧！

〔评析〕文章以设问开头，颇有引力。接着引出“两宗大事”，在看似游离中，回答了设问。以一种新颖的笔触，涉及一个重大的论题。文章的又一特点是分析性强。结合两宗大事，层层剥开，如析薪入理，将作者要回答的内容见诸于材料的分析之中，不见生硬，不见凝滞。最后以罗贯中的话和张乔的诗作对比，鲜明地阐明自己的立场：只有一个中国。答在其中，可谓至善至美。

时间·历史

上海师大附中高一　俞沂暄

也许人老了特别喜欢回忆过去的岁月，我的外婆便是这样。没事的时侯，她就会东一句西一句地讲她年轻时的事。尽管外婆的故事很琐碎，无非是家里、地里之类的事，但却是真正的过去，真正的生活。在我看来，这不仅仅是她个人的历史，而是整个社会历史的一个部分。然而，当我看着外婆的脸时，看着时间在她脸上留下的皱痕时，我无言了。我无法体会她的心情，无法真正理解她的故事，时间无情地阻隔了我们，使两颗心无法完全地沟通。知道历史并不等于理解历史，我深深体会到了这一点。

从书本里，我知道了南京大屠杀的历史。然而，当我参观南京大屠杀纪念馆时，才感到过去我所知道的大屠杀不过是个历史概念而已，和亲身经历过大屠杀的人相比，鲜红鲜红的血色在我们这代人眼里已经淡漠了。也许我们并未感觉到，但这是事实，正如我无法理解外婆的故事一样。半个世纪过去了，时间也有意无意地给刽子手狰狞的脸上罩了一层薄薄的面纱。但所幸的是，在这片曾经血流成河，人们沦为亡国奴的土地上已经树起了历史的丰碑，建起了纪念馆，纪念馆里铁的事实不仅使我们和我们的后代能深刻理解到历史的悲剧，而且决不让时间漠然地将血色冲淡。同时，铁的事实还使人们牢记当年刽子手的劣迹，以防蒙上假面具的刽子手卷土重来。

一部二十四史是一部帝王将相的历史。中国几千年的封建社会，改朝换代，几多兴亡，一遍又一遍地重复着历史。历代帝王哪一个不是整天在谈古论今，有的还振振有词曰：“以史为鉴，可知兴衰”；然而，又有哪一个能逃脱重蹈覆辙的厄运呢？听说，战后苏联人结婚时，新婚夫妇总要到无名烈士墓前庄重地献上一束鲜花。他们懂得时间可以流逝，却割不断今天的幸福与烈士们献身的历史联系。他们没有忘记历史，没有忘记那场使每个苏联人都蒙受了巨大灾难的战争。战争结束近五十年了，但城市里大大小小的纪念碑（而不只是教科书上的几行文字）却在告诉人们：不要忘了战争，不要忘记为了祖国，为了正义而死难的烈士！无情的时间悄悄地溜走了，但带不走留在人们心中的历史。人们理解历史，珍惜历史。历史犹如长明的火炬和盛开的鲜花，那些未曾经历过当年战争的人们会永远记住它！

从地球终将毁灭的角度看，世界上没有不会消亡的事物。但这毕竟是遥远得不能再遥远的事，人类还将走过一段极其漫长而曲折的路途，人们还将继续书写人类发展的历史。如果还是让残酷的时间磨去历史的棱角，使历史仍成为书橱里的装饰品而不能留在人们的心上，那么我们的后人还将重复历史的悲剧，他们前进的步伐必将是沉重的、缓慢的。请尊重历史、理解历史吧，这样我们才会给后代留下真正的历史！

〔**评析**〕 本文涉及一个较沉重的话题：如何面对自己国家、自己民族的历史。作者的匠心在于以外婆的故事作为突破口，从而立下本文的议论中心："知道历史并不等于理解历史。"接着从知道到理解两个层面去谈自己的看法。在一系列的分析中，最后明确中心论点：请尊重历史，理解历史，才会给后代留下真正的历史。

以国任为己任

——毕业前夕的思考

北大附中高三　任春秋

中学生活就要结束了。在毕业的前夕，每一个中学生都会遇到这样的问题：自己将来要选择什么职业？往后的路该怎么走？中学毕业是人生的一个转折点，在这个时候，正确地作出选择，是非常重要的。我认为，无论具体的职业选择是什么，都应该把以国任为己任作为最根本的出发点。

那么，我们国家现在的任务是什么呢？当前的中国，虽然在政治、经济、文化等各方面都有了可喜的发展，但我们还应该看到，中国还是一个发展中的国家，国民经济比较落后，生产力还不发达，人民的生活水平、文化水平，比起一些发达国家差距还很大。在广大的农村特别是边远地区，贫穷落后的情况还存在，十一亿中国人也只是刚刚解决了温饱问题，要达到小康生活的水平，使中国成为一个中等发达的国家，我们还有很长一段路要走。十一届三中全会以来，党中央已把经济建设作为了全部工作的中心，所以，中国人民目前的任务就是要努力发展社会生产力，把中国建设成一个富强、民主、文明的社会主义现代化强国。

也许有人会说："我自己将来有了高工资，好的住房也就够了，管那么多干什么，中国那么大，我管得过来吗？为什么非要以国任为己任呢?”这个问题其实不难回答。一个人爱他的国家，爱他的人民，是一种神圣的职责。“国家兴亡，匹夫有责。”为了祖国——母亲贡献自己的力量，是应尽的义务。

我国曾有过非常鼎盛的时期。但是从清朝中后期开始，特别是鸦片战争以后，中国日益贫穷落后。由于连年的战争，帝国主义的侵略，本国封建地主阶级、官僚资产阶级的反动腐朽统治，使我国的社会生产力遭到很大破坏。建国以后，特别是近十年的改革开放，中国的经济开始了腾飞。但是我们不能不清醒地看到，比起发达国家，我们仍然还是落后的。国家落后就会受他人欺辱，所以，我们必须把自己的祖国建设得强大起来，才能昂首挺胸走路，才能立于世界民族之林。

具体到个人，作为一个青年学生，我们应该怎样做呢？首先，我们要明确一点：只有每一个人都能够做到以国任为己任，才能使国家富强。当然，光有志还不行，还要有力。而我们的力量就是我们的知识。我们必须首先充实自己，自己掌握的知识、本领多了，才能够贡献得多。中学毕业后，如果上大学，就应该充分利用时间，努力再多学一些知识；如果参加工作，也应在做好本职工作的同时，继续提高自己的文化素质。总之，不管具体的工作是什么，我们的基本精神应该是一致的：以国任为己任。马克思曾在他的中学毕业论文中表示要选择最能为人类谋福利的职业，他的幸福将属于千千万万的人。我也要说，并且我希望每一个即将毕业的中学生都能够说：我要选择最能为中国人民谋福利的职业，我的幸福将属于十一亿中国人。

〔评析〕 毕业后的选择，是中学生的思索热门。文题即已明确议论的中心，开头以一个条件复句揭示中心论点。接着以假言论证，展开分析，从历史到现实，围绕着什么才是当代中学生真正的选择来组织论证。从而解决问题：选择最能为人民谋福利的职业，幸福将属于十一亿中国人。行文贴切中肯，论证较为充分。

扫清一屋，方能扫遍天下

北京师院附中初三 顾 明

东汉时，少年陈蕃为了将来有所作为，终日苦读，却懒于打扫自己住的小屋。一个朋友见此情景，批评了他，哪料这位想“扫除天下”

的陈蕃却振振有词曰："大丈夫处事，安事一屋乎？"朋友反唇相讥："一屋不扫，何以扫天下？"

诚然，陈蕃虽正当少年，却已立下"扫除天下"的凌云之志，着实难得。然而可惜的是：他的理想被他的行为否定了。试想，连一间小小的屋子都懒于打扫，任他脏乱下去的人，又怎么能保证他会勤于治国呢？更不用说能把国家治理好了。既没有实践的经验，又没有严谨的作风，即使满腹经纶，"扫除天下"也不过是一纸空谈而已。就好像连地基还未打扎实，就妄想盖一座摩天大楼，那么这样的楼恐怕只会是海市蜃楼吧！

雄心勃勃的陈蕃对"扫一屋"不屑一顾；孰不知，古今中外许多名人志士都是从扫这一"屋"开始的。周恩来总理中学时代便立下了"为中华之崛起而读书"的豪迈誓言，他不是仅有决心而已，而是做了大量琐碎小事，不但办起《天津学生联合会报》，而且在学校里组织各种学生小组，宣扬共产主义，这都为他以后卓越的领导、军事才能奠定了基础。可以想见，如果他一味地在思想上追求"扫遍天下"，而不愿从小事做起，那么人类历史上就不会出现这位伟大的领导人物了。众所周知，在三味书屋的课桌上刻有一个"早"字，这是鲁迅先生在少年时代读书时亲手刻下的。因为有一次他上学迟到了，便用"早"字来鞭策自己早起。迟到是一件微不足道的小事，甚至比"打扫屋子"更不值一提，鲁迅先生却如此重视，以至刻"早"字于桌上，以便天天可以看到，这与那种"大丈夫处事，当扫除天下，安事一屋乎"的思想形成了鲜明对比。如果鲁迅先生也如陈蕃那样不屑于此类所谓小事，那么他的"我以我血荐轩辕"的志向也许将半途而废。

当然，关于这些事情，早在东汉时代的陈蕃是不会知道的，那么"现代少年陈蕃"们，是否已听到了警钟的鸣声呢？嘴里喊着"我们是二十一世纪的主力军"，实际上连洗衣服、做饭也要父母帮忙的人，又怎能担当起历史赋予他们的重任呢？"扫清一屋，方能扫遍天下"，真希望能有那么一天啊，所有的"少年陈蕃"都将猛醒！

〔评析〕　善于分析和引证得当，是本文最大特点。作者的分析一反常见驳论的语言形式，以一种娓娓的风雨润物式的笔触，将要阐明主张呈给读者。引证新颖而扣题，在一种正反比照中见道理之深刻，具有较强的说服力，且使立论鲜明。文中多处运用反问句，加强了语意的表达，使问题的解决更具有迫切性和现实性。

议“我算看透了”

福州一中高三　杨　颖

一则寓言说，一只秃鹫听着夜莺欢唱，就想：唱得这么好听的鸟，吃起来味道一定不错。又据说，一个和尚在江边游玩，江上千帆竞发，百舸争流，有人问：“江上有多少条船?”和尚抬眼一扫：“只有两条，一条装着名，一条装着利。”这秃鹫的想法真令人忍俊不禁。如何以一只鸟的歌声，判断其肉的滋味?那和尚的答法似乎很巧妙，但未免偏颇了些。难道世人都如他所说的只在追求名和利吗?这一句“看破红尘”的论断是否太武断?

由此，我想到我们生活中的有些青年：他们看到理想和现实的差距，就消极埋怨，心灰意冷；遇上不如意的事情，就愤愤不平，怨天尤人，甚至对社会主义制度的优越性产生怀疑，他们的口头禅是：“我算看透了。”仅仅因为自己的失败和挫折就断定“社会主义制度不见得优越”。这与那只可笑的秃鹫有什么两样?那一声“我算看透了”和老和尚“看破红尘”的叹息又何其相像?这些青年不仅与前两位一样以偏概全，而且还带有某种“失落感”。

在这里，我想问一句：“你看透了什么?”

是的，理想和现实是有很大差距的。我们心目中理想的社会主义社会，是一个发达、富强、具有高度文明的社会。但是，目前我们国家经济还比较落后，全民的文化素质还不够高。然而能因此就对社会主义制度产生怀疑吗?看看中国的历史吧！几百年的“闭关锁国”，近百年的列强纵横，内乱纷争。当中国踏上社会主义道路时，贫穷、落后和众多的人口，使国家每前进一步都极其艰难。在哀叹祖国落后的同时，你是否体会过她的艰辛?而且，我们所有的建设（经济、政治、文化）都需一个循序渐进的过程，一个逐步积累的过程，怎么能企望国家在短时期内一步登天。既然这样，又怎能因为社会主义制度的优越性没能立刻在现实生活中体现出来，就“看透”了它?

如果说那秃鹫和和尚的想法还只是令人好笑的话，那么这些青年故作老成的“我算看透了”的论调就不仅可笑，而且必须予以驳斥。这种片面地看问题的方法有着极大的危害。

在“看透了”的招牌下，是一张张消极疲惫的脸，是一颗颗玩世不恭的心。这样怎能为我们的建设尽心尽力呢?如果停留于埋怨和牢骚，指责与叹息，那么现实与理想的差距能缩短吗？不合己意的事会减少吗？

秃鹫的臆想是因为想吃夜莺，和尚的武断是因为名利障目，而这些青年的论调则是出于坐享其成的奢求。他们的错误有着一个共同的原因，那就是利己的思想。若世人真如和尚所说的追求名和利，那么国家一定会裹足不前。如果我们希望现实与理想差距缩短，希望生活在如意的环境，希望我们的祖国永远繁荣昌盛，那么首先要消除利己主义思想，把自己的行动融入社会进步，时代发展的潮流中。

人是要有点精神的。“天下兴亡，匹夫有责”。遇上艰难困苦，我们必须有这种精神；遭到失败挫折，我们必须有这种精神。有了这种精神，不管是在什么情况下，我们都会斗志昂扬，精神振奋。谁还会有时间说：“我算看透了！”

〔评析〕 这是一篇驳论为主的议论文。作者从寓言和传说入手，引出话题，从全文而言，构成喻证和类比论证，以明确“我算看透了”者的心理是有历史渊源的。然后对症下药，分析产生这种心理这种看法的实质，以明确“利己主义”是其根源。最后指出“人是要有点精神的”以破除这一根源。行文缜密且有深度。

公民，你的社会责任感在哪里？

杭州学军中学高一　陈　烨

1987 年 2 月 19 日，合肥，汽车售票员陆忠与歹徒斗争，由于没一个乘客站出来帮助而惨遭杀害……

1987 年 8 月 12 日，成都，14 岁女中学生张歆黔在众目睽睽之下溺水丧生……

1988 年 1 月 10 日，泰安，教师于之贞为捉贼捐躯闹市，数百名群众袖手为歹徒让道……

1988 年 3 月 2 日，哈尔滨，空军一级飞行员李鹏礼与歹徒搏斗负伤，百余围观群众无一挺身相助，连续几辆汽车见而不停，李鹏礼终因抢救不及而身亡……

多么触目惊心的事实！我们一些公民的思想竟麻木至此，令人心寒。这不禁让我想起了鲁迅的散文《藤野先生》里写的：在日本人的纪录片里，中国人围看自己同胞被杀头。前者与后者相隔近一个世纪，社会环境迥异，然而情形却如此相似。

这是为什么？

社会并没有“麻木”，勇士的血掀起了思想的波澜：有人发论，这是“观念更新”，没有必要拿自己的命去换几声表扬；有人叹息，现在的人之所以道德水准低，是一个教育体制的问题；有人失望，这种现象是国人的劣根，民族的绝症；有人愤慨，十年浩劫毁掉了人们心灵中美好的东西……

不同的立场，异样的反应！

我不想在这里对以上那些错误的、悲观的、偏激的观点发表评论，因为我没有他们那样深的阅历，也没有他们那样的城府和世故。面对着这种社会现实场景，我感到羞耻，难过。愤慨之余，一位朋友问我：如果当时你在场会冲上去吗？——我会冲上去吗？我不敢设想，各种私心杂念充斥头脑，在朋友犀利的目光逼视下，我哑然了……

之后，这个问题时时触动着我的神经——“我会冲上去吗？”假设我也是人群中的一员，眼看悲剧即将发生，可能会想：即使上了，也根本不是人家的对手，况且他们有家伙……如此患得患失，自然缺乏勇气，而真正的勇士是毫不犹豫的。应该说，围观者中绝大多数恐怕都是具有“我”这种想法的人。我剖析自己的思想，最终得出一个本质的答案：缺乏责任感，一个公民对社会的责任感！这是李鹏礼、陆忠等勇士在与歹徒搏斗时，有这么许多麻木不仁的旁观者的根本原因。

我们国家的法律体制还不完善，国民头脑中的法制概念还非常淡薄，很大一部分公民甚至不明确什么叫基本义务和权利，认为社会上发生的种种事与自己无关，殊不知作为社会的一员，有义务对社会负责。社会养活了你，你就有义务保障社会的安全，从事社会的建设，致力社会的繁荣。那些与歹徒搏斗而牺牲的烈士们超越了凡人的品质，就在于高度的责任感，促使他们“爆发”出巨大的勇气。而那些冷血的旁观者称不上真正的公民。不知他们是否意识到，他们的行为助长了歹徒的气焰，给社会带来极大的损失，他们也在“犯法”！

面对现实，公民，请扪心自问，社会责任感在哪里?!

〔评析〕　开篇便一气列出四个典型的事实，以无可置辨的语势突出其“怵目惊心。”紧接着以抑笔下文，显示其立意的深沉，在一番扪心自问和他问中，逐渐点示本文议论的中心：一个公民对社会的责任感。分析中有破有立；破，于委婉中见深透；立，于直诘中见呼告与呐喊。行文就是在这样的抑抑扬扬中展开，起到警示的作用。

（三）命题试析

《风景这边独好》

“风景”的含义不能局限于自然风光。“独好”却是作者的独特感受。可以模仿《风景谈》的构思与表达；而“这边”是确指，作者在选材时要考虑到范围的一致性。叙则重“点”的描写叙述；议则重“感”的抒发与事物内在美的揭示。宜用夹叙夹议。

《留取丹心照汗青》

这是文天祥的诗句。是爱国爱民族爱人民的具体写照，是一种奉献，是一种自策。有一份热发一份光，正是“照”的落实。历史是靠自己去写的，人生的答卷靠自己去完成的。每个人都应有一种贡献人生贡献祖国的态度。宜用例证法、对比法。

（四）名篇欣赏

立足草屋盖金屋

孙冀通

俗话说："人家的金屋银屋，不如自家的草屋。"推敲它的含义，不外乎两个：一是说，与其在人家的金屋银屋里低声下气，贪图些物质享受，倒不如住在自己的草屋里以求得精神上的舒畅；第二，人家的金屋银屋虽然好，但那毕竟是属于人家的，自家的草屋虽然陋，却是自己实实在在落脚的地方。

然而，有谁不想把自己的草屋改造成属于自己的金屋银屋呢？又有哪一座金屋银屋不是由人的劳动造起来的呢？

草屋前后，可以挥锄，可以锻铁。凭着自己的智慧和勤劳，同时也吸取着别人在把草屋变成金屋银屋的有益的经验，不气馁、不自卑地干下去，草屋总会被改造成金屋银屋，甚至比那些现有的金屋银屋还要好得多。

反之，如果不肯扎紧腰带，握紧工具，努力地干，而只是倒背着手一味地站在自家草屋门口，踮起脚尖，望着人家的金屋银屋，甚至于连人家屋上的灰尘鸟粪，都加以叹羡，那么，这间草屋将永远是间草屋。

有这么一部分人，他们开口外国的好，闭口国外的棒，月亮也是外国的圆。就连资本家腐朽的生活方式，说起来也眉飞色舞，摇头晃脑。而一提到自己，就这也"不——行"那也"差远——啦"，甚至连自己的亿万同胞的节俭朴素，埋头苦干，竟然也成了讽刺的对象。

"夜郎自大"是不好的，妄自菲薄同样地坏，它很可能瓦解人们的信心，而毁掉一个正在艰苦创造着的新社会！

世界上任何一个民族，都有值得其他民族学习的好东西；也有连它自己都想摒弃，而一时很难摒弃掉的坏东西。对外国并不是不能赞扬，对自己的国家也不是不能批评，但什么是值得赞扬的，什么是需要批评的，却要深察熟虑。广开见闻，扩展思路，正视差距，急起直追，是正确的态度。如果把民族自卑感当做虚心去散播，把别人家的病毒也夹杂在某个货箱里，或是某盘胶卷里给引进来，还津津有味地当做宝贝，那就是最没有出息的孱头货。

“万众一条心，黄土变成金。”这是我们的先辈留给我们的有益格言，我们为什么不能把草屋变个样呢？何况我们的草屋，并非风雨飘摇的草屋，而是一间有着新型的坚实基础、完全有条件建造起巍峨辉煌的大厦的草屋。它荫庇着我们，使我们得以在它的下面居住、生息和劳动。我们一边改造它，还要爱惜它，维护它，不然的话，我们又到什么基地上去建造新的金屋银屋呢？从这个意义上说，就更应该承认“人家的金屋银屋，不如自家的草屋”这句格言的正确。我们定住心，稳住气，用劲挥锄，用力锻铁，同心协力地干下去，草屋肯定能够被我们改变成金屋银屋，而且是远比别人的所谓金屋银屋还要好的社会主义现代化的高楼大厦。

教育·科学篇

（一）立意指南

想起阿 Q 革命

还记得阿 Q 吗？革命了，他很“神往”。然而他的神往却仅限于“要什么就是什么”，结果，飘飘然飞了一通，依然在醉醺醺中落实到土谷祠——他感到了失望。最终，革掉了的是自家的“命”。——“精神上的完胜”毕竟代替不了一根哭丧棒，几句“NO，NO”。这其中固然暴露了旧民主主义革命的不彻底性和妥协性，然而，革命的宣传未能深入人心，似乎是较为明显的缺陷。未庄的人把革命党理解成是白盔白甲，革命不过是剪辫子，甚至“将辫子盘在头顶上”，又有谁来替他们指正呢？空想空喊的结果，也只能以血来印证其荒谬与愚昧。历史过去了近百年，难道我们还要交学费去向历史讨个说法吗？重教兴教，科学强国，不是单凭几个报告，几次动员便能完成的。它是一项实实在在的工作，不能有丝毫的懈怠。

“根深才能叶茂”。这仅仅是生物界的一种现象吗？对于会思维能创造的人类来说，似乎有更深的启迪：重视基础。这个基础便是组成社会大家庭的人人的素质。素质的形成却又不是急功近利的事，它是一项艰苦而长期的工程。教育在这个工程中“潜移默化”的作用是谁也无法代替的。

性本“善”也好，性本“恶”也好，他们中谁也不忽视这么一个存在：后天的环境对人的成长有着制约作用。弃学经商也好，弃教下海也好，本来应该是种种不正常的现象，然而在只打雷不下雨的气候下，似乎也合理成章了：适应时代潮流。然而，一些先进发达国家的经验，又有谁去顺应呢？根不深，何以枝盛叶茂？心不固，怎能事半功倍？

如果说，不重视现在（这个现在其实就是立足于根本）的人，就不会有可以期待的未来，那么不重视教育的民族、国家就不会有可以期待的光辉。还是想想鲁迅的那句话吧：只要我们努力，他们变虫豸变猴子的机会总少些。

仲永的悲剧是人为的；阿 Q 的悲剧是时代的。忽视了这一点，四化大业只能是无法画的圆。

（二）习作选评

根深才能叶茂

北大附中高三　张小联

有一则小故事，说的是古代有个人，他很厌恶自己有一根畸形的手指，因而不惜千里去投医。但是，他对于自己思想上的不足，却不思改过。这就是所说的“不知类也”。

不知类，是指不能区分事物的轻重缓急。是否知类，决定着我们个人、我们的社会和我们的国家的前途如何。这里，我想谈一谈当前我国的一个重要问题。

随着我国改革的一步步深入，教育系统出现了很多新的问题。国家尽管一再强调要搞好教育改革，并采取了提高教师工资等措施。但是，当前的教育工作还远远跟不上经济改革前进的步伐。在不少地区，尤其是在东南沿海的广州、深圳等地，很多教师弃职经商，很多学生（尤其是农村学生）弃学经商或弃学务农。有一篇调查报告上说，福建的一个地区约有近百名教师弃职经商，严重影响了教学，有一所学校由于缺少教师，不得不停办。还有一篇文章介绍说：安徽的儿童失学率很高，不少儿童来京做工，还有不少街头卖艺，四处流浪……

而在更多的地区，竟有不少部门挪用教育经费修建楼堂馆所。如：有一个县，以发展小学教育为名，从民间募得捐款八万多元，却全部用来建设县委办公楼了。

这些问题的出现，就是一种不知类的表现。

教育培养年轻一代，提高全民素质，是国家发展的基础。这在世界上是有例可证的。比如，近年来日本经济发展迅速，赶上并超过了美国，其原因就在此。日美两国的普教工作都很普及，但是日本青年受过高等教育或专门职业教育的大约比美国多百分之五十。这就使日本出现了一批又一批素质优秀的青年，后浪推前浪地推动国家不断向前发展。

现在我们国家青年当中有一少一多，一少是掌握尖端技术的人才少；一多是新的文盲在增多。这样下去，我们的国家如何能够发展，如何能够实现四个现代化呢？

不重视教育工作，就是不知类也。当前，我们搞活商品经济，兴办公司企业，修建现代化建筑，为了改变我国的落后面貌，这是很必要的。但是，绝不能把改变面貌同教育培养人才这一长远的、决定国家前途的根本任务矛盾对立起来，更确切一点讲，如果从全民族着眼，长远规划则更重要。不重视教育的国家就像古代那个只知道医指的人，决不会取得真正的进步。表面的短暂繁荣，也会无法维持。所以，我们要知类，要抓好教育工作。

根深才能叶茂。中国要成为参天大树，只有先深深地扎下根去。这才是“知类”。

〔评析〕 从故事落笔，具有强烈的比照性、类比性，更能看到问题的深度与深刻。本文作者就是在这种前提下去阐明事理的。从现象分析到本质探究，把经济建设中的潜在危机揭示出来，并以发展的观点确立本文的论点：不重视教育工作就是不知类，根深才能叶茂。由浅入深，具有较强的说服力和警策力。

给彭文怡校长的一封信

福州三中初三 石 华

彭文怡校长：

您好！我看了关于复兴中学“破墙开店”的报道后，沉思了很久。不知怎么的，心中总感到有一股热流在滚动着。或许是我一时难言的欣慰和对您的钦佩吧，所以给您写了这封信，谈谈我是怎样看待“破墙开店”这件事的。

解放迄今已近四十年了。尽管这四十年来国家对教育事业给予了一定重视，但始终还未摘掉“教育落后”这顶沉重的帽子。我的父亲是一名记者，在一次针对山区教育为题目的采访中，看到了这样一幕令人难以置信的现实：山区中学的教室是用茅草搭成的，同学们坐在垫着砖头的木条上学习。教室没有窗户，冬天一到，冷风吹来，孩子们冻得直发抖。并且，挤在这样一间“教室”的竟是几个年级的学生……和爸爸同去的几个记者，见到此情此景，深深地诧异了。他们不敢相信所见到的一切。我听了之后也迷惑了。可这又的的确确发生在20世纪80年代的中国啊！难道，难道这些受冻的学生能成为21世纪的栋梁吗？

再让我们听听一位普通教师的心声："我们老师难道只应该是那些过早耗尽自己去照亮别人的蜡烛吗？不，我们应该是一盏点燃着的油灯，我们希望能不断地添油，好烧得更长照得更亮。而现实中，添加给我们的油又有多少呢？我每月工资七十六元，而有一百多名学生，折合下来，每人一天付给我的还不到三分钱呀！这和我所付出的血汗成正比吗？……"说到这里的时候，他的眼眶湿润了。这话中牢骚尽管多了些，但确实反映出了老师的辛酸！老师的辛苦虽然得到了人民的尊敬，可这只是一种近乎带有凄凉味的、掺和着同情的尊敬。据说，某所师范院校曾作过一次关于专业思想的民意测验，竟有绝大多数学生表示毕业后不想从事教育工作！

穷困、牢骚、危机压着整个教育事业使之如此被动，您过去也一定深有感触，也许这就是您"破墙开店"的动机。而这三者又归结为一个"穷"，"穷"又是由于经济不发达所致。经济不发达势必将造成教育资金短缺，危机接踵出现。而我国经济要立刻发展起来，又不可能。可教育事业是不能延误的，在今天信息大爆炸的年代里，不加快步子，延误一年，或许将来会落后人家一百年啊！强国的目标岂能实现？

我想，只有坚持不懈地进行教育改革，顺应这新时代的客观趋势，这才是中国教育的根本出路。怎么去改？光叫光喊吗？不！教育改革就应该像您那样，首先要冲破传统观念的围墙。传统观念认为，学校的任务是育人，不要把钱看得太重。我想，这种看法只能是打肿脸充胖子！无钱怎么育人？有了钱，教育才有良好的物质条件作保证，教育好了，才可能更好地带动经济发展，两者是相辅相成的。彭校长，您"破墙开店"带来的实惠，不也证明了这一点吗？再者，教育改革也没有具体的模式，应该因地制宜，从优势下手，正如您从"破墙"下手，从而短时获取成功。有人说：只有搞校办工厂才是正道，那么，连教室都建不起的山区，怎么办？所以教育改革只有方法上的借鉴，而不能生搬硬套。像山区，借鉴集资办学这种方法才是行之有效的。

总之，教育改革已是一件刻不容缓的事，而改革的关键之一是怎样理解教育与经济的关系。彭校长，在这个问题上，我完全赞同您的观点。

我多么希望今天的改革能多有几位像您这样有胆有识的改革家呀！我衷心地祝愿您在新的改革大道上，腾飞，腾飞，再腾飞！

此致

敬礼

福州三中学生　石华
1988年11月26日

〔评析〕　本文选点较敏锐，抓住目前教育的疲软状态，分析了其中的一个基本因素：如何重视教育？教师作为教育的主导力量，如何改善教师待遇？如何改善教与学的环境？文章以书信体的形式去组织议论，其恳切性溢于言表。以具体的例证，说明教育改革的刻不容缓，具有很强的现实性。其中立论多以建设性的建议来表现，有助于中心的表述。

逃学何以成风?

杭州学军中学初三　施云光

报载：一位中学生在家长的帮助下，几经周折才考入某工业专科学校，然而他却很不珍惜，经常逃课、逃学，少则两三天，多则几星期地在外闲逛，鉴于此，校方不得不勒令其退学。其实，这不是仅仅一个、两个，从小学到中学到大学，时有类似情况发生。

何以会出现这种现象呢？据传，现在“流行”着这样一种说法，“搞原子弹不如卖茶叶蛋”，“拿手术刀不如操剃头刀”，学得的知识再多也是无用的。这种新的“知识无用论”是个危险的信号，它既是“逃学”的极好注脚，也反映了我国现行体制中的一些弊端。的确，社会上存在着工资收入“脑”、“体”倒挂的现象。譬如：一位大学毕业的教师当班主任的津贴费按学生的平均数计算，每天只不过一分钱，而一个目不识丁的老大娘看一辆自行车却可得三分钱。若把班主任的负担比做“看孩子”，从报酬上来说，岂不是“看孩子”不如“看车子”。更不必讲出租司机的月收入比一位普通高校讲师高一、二十倍，个体商贩做上几笔买卖简直抵得上大多数科研人员一辈子工资的事了。由于分配机制的不甚合理，导致了一些简单劳动的待遇明显高于复杂劳动。而此正是我们这个社会致命的隐患。

当然，我们绝不能低估体力劳动的巨大效益，它在四化建设中能起到“立竿见影”的效果。一般地讲，其点滴汗水均可转换成显而易见的累累硕果。但决策者倘若只看到这点，而忽视了脑力劳动“潜移默化”的功效，则会在“急功近利”的“泥坑”中越陷越深，以至不能自已！

尊重知识是人类的传统。全民的文化素质的高低，关系到一个国家民族的荣辱兴衰。美国之所以能在本世纪初取代英国成为世界霸主，其重要原因之一就是人的素质高。它的产业工人有百分之九十受过教育和训练，而同期英国只有百分之七十。据说，当今新兴的经济强国日本，业已达到了百分之九十五。举目四望，各国都在致力于发展教育、鼓励科研，相比之下，我国的现状实在令人担扰。

在未来的世界竞争中，只有具有较高知识结构的国家和民族才能立于不败之地。从这种意义上说，我国现行的教育、就业和工资制度是有一定的缺陷和弊病的。对知识分子的作用不够重视，是产生“知识无用论”的主要原因，解决的办法只有一个，那就是全面改善与提高他们的经济待遇和社会地位，培养尊师重知的社会风气，其中急需解决的除经费问题外，还有一个认识问题，而后者倒是具有决定意义的。

〔评析〕　文题以反问句式，暗示本文是探究问题症结的。症结何在？文章又不急于表态，而是通过行业间的比照，以其独特的构思，使读者从中领悟出实质：不尊重知识。教师是学生的一本教科书，靠自己的眼睛去读的。而教师对学生的影响又不可忽视的。文章在一种问题式的思索中提出中心论点：尊师重知。并以实例论证了这一基本观点，有很强的说服力。

一个中学生的呼吁

华东师大二附中高三　吴星原

在当今飞速发展的中国，最令人忧虑的问题是什么？我认为，不是物价问题，不是能源问题，也不是交通问题，而是教育问题！因为教育为立国之本，强国之门。可是，我国的教育现状已到了危机的边缘。在这危机中的危机，又是教师问题。

有句名言：“养不教，父之过；教不严，师之惰。”可见教师的重要。然而，教师目前的状况又是怎样的呢？

根据一份权威的调查报告，全国城市有百分之二十的家庭处于贫困线附近，而在这当中有一大部分是中、小学的教师，并且，几乎所有的中、小学教师的收入都低于平均水平。这是怎样一个令人震惊的事实。

然而，它确确实实是存在的，并且，差距是这样的明显，以至于判定一个家庭是否是教师家庭，只需看看他房子大否，有无彩电就行了。

我有一个老师，他们家三代同堂，四个人住在一个九平方米的亭子间里。她每晚是坐在床上改作业的。再请看看教师们的收入：我校工资最高的教师为一百五十元，还不及有些个体户一天的收入，更何况大多数教师的工资还达不到这个数目。

就是在这样艰苦的条件下，我们敬爱的老师还是克服了种种困难，苦苦地为学生、为教育事业支撑着。但是就像奥斯丁所说的："无论怎样的圣人也得有饭吃，有衣穿"，民以食为天嘛！

教师们由于物质待遇偏低而产生的种种不良后果，已严重干扰了他们的工作。从而更加重了教育危机！前阶段本市许多中学纷纷干起"第二产业"来，也就是所谓的"破墙开店"。对此，社会上议论纷纷，有人认为这有悖于教师"人类灵魂工程师"的形象；有的认为这会干扰学校的正常教学秩序，一时间责难批评如雪片般飞来。但是一位中学校长说得好："我们的教师没有钱哪！"是啊，老师不是神仙，他们也得吃饭、穿衣，也得养儿育女……毋庸讳言，破墙开店确实影响了学校正常的教学秩序，但至少，它的出现能够缓解一下老师的生活困难，此属无奈何之举，我们又有什么理由去责难他们呢？

教师待遇过低，更严重的是造成了师资流失，教师职业后继无人。华东师范大学报考人数连年大幅度减少，为什么？因为老师待遇低，没有人愿意报考，笔者有一朋友，从华东师范大学中文系毕业已有六年，至今没有固定工作，问她为什么不服从分配，她说去做中学语文教师——可悲啊！

对照一下外国，法国高等师范学校是一所专门培养中学教师的大学，也是法国最好的大学之一，报考者趋之若鹜。为什么？因为法国有一个传统：中学教师在知识分子中最受尊重，收入极高，且无失业之虞，有可靠的生活保障，就是在这种情形下，法国教师中诞生了一批文化精英——欧姆、萨特……

教育的载体是教师，教师的优劣直接影响着教育质量的高低，可以说教育问题的核心便是教师问题。但是，现在我们的老师空有满腔的热情却被无数琐碎家庭事物羁绊着，不能全身心投入到教育工作中去，这其实是一种人才浪费，是非常可惜的。

十三届四中全会中央领导提出了要解决教育问题，在此，我以一个学生身份代表我的老师和同学，代表千千万万关心中国教育的人向全社会发出呼吁："为了解决我国教育问题，请提高一下教师的地位，让他们能为社会释放出全部的光和热，那么，中国将是大有希望的。

〔评析〕　毋庸讳言，教育问题是现实中一个热门话题。作者以其敏锐的观察，独特的思考、由面到点、由内到外，展开论证，既有论证的广度，又有论证的深度：人才的流失、人才的浪费，在鲜明的对照中，寓解决问题于分析论证之中。结尾以"呼吁"作结，既合文题，又加强论证力度，可谓恰到好处。

从范仲淹重教说起

苏州中学高二　丁维莉

北宋范仲淹，在哪里做官，就在哪里兴学。因此，范仲淹不只是一位杰出的封建政治家，而且是一位伟大的教育家。他曾把自家的一块宅基捐出来办府学。当年的府学就在我们苏州中学校园内。

在当时的封建社会，人人都希望自家门楣光耀、世出卿相，范仲淹也不会例外。可他却能"不敢以私一家"，为地方、为国家谋长远利益。他为何要这样做呢？因为他懂得，只有多培养出有用的人才，才能国治邦安，人民安居乐业；也只有国泰民安了，才能长久维护封建帝王的统治。"国家之患，莫大于后继无人"这句话充分体现了文正公对人才的重视。

教育是基础。然而，在当今社会，能认识到此话份量的却远不是全部。

报载，广西某地，小学危房很多，师生们在危房中教与学，处境可谓"岌岌可危"。校方多方求援，均告无效，直到省领导亲自过问，问题才基本解决。当地的有关部门为何一开始对此事不理不睬呢？原因很简单，是某些领导私心在作怪。他们指望在任内看到自己的"政绩"，而向教育投资，却不能短期内就见成效，还不如多办几个厂，经济效益显著，倒可受上级表彰。这种为一己之私不重教育的做法将对国家造成怎样的、无形的危害！还有一些人，竟挪用有限的教育经费买进口小轿车、兴建楼堂馆所！这些，都是教育大业之蠹，不可任之滋生。封建时代的范文正尚知教育乃基础，作为现代人的某些领导难道就不懂吗？

当然，重视教育并不只是对某些领导干部的要求，更是对全社会每一个人的要求。只有人人重教，才能真正兴教。

与中国一衣带水的日本，战后经济萧条，社会动荡。可它却在短短几十年内发展成了资本主义经济大国，实力雄厚。除了具有一些有利的客观因素外，很重要一点，就是重视了教育。提出“教育救国”的口号，将国民生产总值的百分之十几投入教育。靠着这些，日本的经济才会有如此大的奇迹般飞跃。纵观战后发展迅速的国家，无不是建立在大力发展教育的基础上的。可见，不仅是我国，不仅是我国的古人，世界上任何地方都懂得教育的重要性。

我国目前生产力还落后，经济不发达，这导致对教育的投入少了些，投入少导致教育水平差，国民的普遍素质就低了，国民素质低最终限制和阻碍了生产力的进一步发展。这就构成了一种不良循环。要跳出这一怪圈，必须从教育入手斩断这一不良循环。

当然，发展教育不光是多投些资金，还有许多方面的工作要做。我们也不要大家都像范仲淹那样捐块宅基，我们所要的，是大家对教育的重视之心。我们今天的思想境界理应超过范仲淹，目光理应比范仲淹更远大。学习范仲淹的重教精神，唯一的目的是促进社会主义的教育事业，使我们的国家蒸蒸日上，繁荣富强。

〔评析〕　我们常说“事实胜于雄辩。”本文作者似乎很注重这一点，从古到今，从内到外，娓娓道来，层层析去，说理透彻，既有表象的摆列，又有根源的剖视：基础不固，何以固大厦？根不深，何以期荫凉？从一个范仲淹落笔其构想的匠心是显而易见的：我们今天的思想还不如一个封建士大夫么？文章的针对性就很显然了。

乐山大佛的启示

苏州中学高三　姚晓东

乐山大佛，千百年来遐迩闻名。当年，为了筹建这座偶像，海通和尚不惜付出巨大牺牲，自剜一目来斗贪官污吏，但望它建成后能镇住滔滔江水，拯救芸芸众生。

诚然，像海通那样为事业而不惜献出一切的精神在某种意义上值得借鉴。我们也不能不为他那捧着眼珠，一脸坚毅的形象所感动。但我更深深地慨叹他的无价值的牺牲，因为他的做法是愚昧的。

大佛凿成了。但是，每逢秋汛，岷江的惊涛骇浪照样肆意奔腾咆哮，舟楫照样倾覆，艄公、游人依然不免葬身鱼腹。奇怪的是，多少年了，包括海通在内的许多善男信女，对神佛的力量置信不疑，却不愿承认自己的力量，而甘愿趴在地上向神佛顶礼膜拜，企图以此来解除自然灾害带来的苦难，免受反动阶级的压迫和剥削。一剂精神鸦片，在剥削阶级的保护下，竟把人麻醉得这样深，这样久。海通的做法，实在是自欺欺人，这难道不是人类的一个悲剧吗？

我们看到，同是四川岷江流域，早在战国时期，李冰父子就修筑了都江堰，引流灌溉，使成都平原赢得了“天府之国”的美称。直至今日，都江堰仍发挥着它巨大的威力，这不是神的创造，也不是佛的赐予，而是人类智慧的结晶。

追溯远古，有大禹为治水手胼足胝，三过家门而不入。以后郑国渠、灵渠等一系列水利工程，有力地证明了人在滔滔江流面前并非束手无策而要去仰仗神力。然而，到了唐代，海通却一反大禹和李冰等先贤之道，把一切希望寄托于佛，依赖虚无缥缈的神力来治水。所以，海通的做法是不值得赞赏的。

我们推崇和赞赏古往今来一切为真理而斗争乃至献身的人们，但海通为捍卫“佛财”而自剜一目之举却不属此列。十六世纪意大利本是僧侣的乔尔丹诺·布鲁诺勇敢地抛弃了《圣经》上骗人的谎言，与禁锢人们思想的封建神学作斗争，提出“大自然是无限的，它绝不是以地球为中心的。”他受尽折磨，但决不屈服，最后被教廷活活烧死，而他的精神却在烈火中得到了升华。布鲁诺这种为真理作出的牺牲才是真正有价值的。这同海通那种自残之举相比，孰轻孰重，难道还不清楚吗？

作为历史的陈迹，海通毕生为之奋斗的乐山大佛只是笼罩着美好愿望的愚昧迷信的象征，有着一定的旅游价值。我们为之反思得到的启示是：相信和提倡科学！

〔评析〕　能反思，本身就意味着一种进步。一尊乐山大佛本身不能说明什么，关键是作者从修塑这尊大佛的人的用心落笔，意义就不是一点启示而已了。崇尚迷信的最后结果是抛弃科学，阻碍进步。作者以我们都熟悉的事例去发掘足以使人惊醒的现实：我们要相信和提倡科学。神不会对人垂青，那么人何以自愚自欺呢？本文的用意就在于此。

（三）命题试析

《也谈“尊师重教”》

“尊师”与“重教”从某种意义上说并非并列的关系，“重教”是“尊师”的前提。重视教育，重视科学，教师自然受到尊重。局部气候的形成总离不开整体的气候条件。没有全民的对教育的重视，教师受尊也只是一句空话。宜用引申论证，因果论证。

《读书与“下海”》

这是针对性较强的题目。可以从两个层面去理解：“下海”即经商，和“下海”创造物质财富。无论如何理解，读书是前提，是为了练好泳技，为了更好地遨游。宜用喻证法、反证法。从学生“下海”利弊分析入手，正面立论。

（四）名篇欣赏

音乐与人生

丰子恺

一定有多数的学生感到：上音乐课——唱歌——比上别的课更为可亲，音乐教室里的空气比别处的空气更为温暖。即此一点，已可窥见音乐与人生关系的深切。艺术对于人心都有很大的感化力。音乐为最微妙而神秘的艺术。故其对于人生的潜移默化之力也最大。对于个人，音乐好像益友而兼良师；对于团体生活，音乐是一个无形而有力的向导者。

个人所受于音乐的惠赐，主要的是慰安与陶冶。

我们的生活，无论求学、办事、做工，都要天天运用理智，不但身体勤劳，精神上也是很辛苦的，故古人有“世智”、“尘劳”等话。可见我们的理智生活有多辛苦。感情生活是常被这世智所抑制而难得舒展的。给我以舒展感情生活的机会的，只有艺术。而艺术中最流动的、活泼的音乐，给我们精神上的慰安尤大。故生活辛劳的人，都自然地要求音乐。像农夫有田歌，舟人有棹歌，做母亲的有摇篮歌，一般劳动者都喜欢唱山歌，便是其实例。他们一日间生活的辛苦，可因这音乐的慰安而恢复。故外国的音乐论者说：“music as food”。其意思就是说，音乐在人生同食物一样重要。食物是营养身体的，音乐是营养精神的，即“音乐是精神的食粮”。

音乐既是精神的食粮，其影响于人生的力当然很大。良好的音乐可以陶冶精神，不良的音乐可以伤害人心。故音乐性质的良否，必须审慎选择。譬如饮料，牛乳的性质良好，饮了可使身体健康；酒的性质不良，饮了有害身体。音乐也如此，高尚的音乐能把人心潜移默化，养成健全的人格；反之，不良的音乐也会把人心潜移默化，使他不知不觉地堕落。故我们必须慎选良好的音乐，方可获得陶冶之益。古人说，“作乐崇德”。就是因为良好的音乐，不仅慰安，又能陶冶人心，而崇高人的道德。学校中定音乐为必修科，其主旨也在此。所以说，音乐对于个人是益友而兼良师。

团体所受于音乐的支配力更大。吾人听着或唱着一种音乐时，其感情同化于音乐的曲趣中。故大众同听或同唱一种音乐时，大众的感情就融洽，团结的精神便一致。爱国歌可使万民慷慨激昂，军歌可使三军勇往直前，追悼歌可使大众感慨流泪，便是音乐的神秘的支配力的显示。古人有“乐以教和”的话，其意思就是说，音乐能使大众的心一致和洽。故自来音乐的发达与否，常与民族的盛衰相关，其例证很多：我国古时周公制礼作乐，而周朝国势全盛，罗马查理大帝（Charlemagne，768—814）的统一欧洲，正是“格列高里式歌谣〔格里哥利圣咏〕”（上代罗马法王〔教皇〕Gregory I〔格里哥利一世〕所倡的音乐）发达的时代。普法战争以前的德国，国势非常强盛。当时国内音乐也非常发达，裴德芬〔贝多芬〕（Beethoven）、修裴尔德〔舒伯特〕（Schubert）、孟特尔仲〔门德尔松〕（Mendelssohn）、修芒〔舒曼〕（Schumann）、勃拉姆斯（Brahms）等大音乐家辈出，握世界音乐的霸权。又如西班牙国力衰弱时，国内不正当的俗乐非常流行，日本江户时代盛行淫荡的俗乐，国势就很衰弱。凡此诸例，虽然不能确定音乐的盛衰是民族盛衰的原因，但至少是两者互相为因果的。郑卫的音乐被称为“亡国之音”。可知音乐可以兴国，也可以亡国。所以说，音乐对于团体是有力的向导者。

今日的中国，正需要着这有力的向导者。我们的民族精神如此不振，缺乏良好的大众音乐是其一大原因。欲弥补这缺陷，需要当局的提倡，作家的努力和群众的理解。这册教科书的效用只及于最后的一项而已。

改革·开放篇

（一）立意指南

走出小楼成一统

有两句诗，叫做“躲进小楼成一统，管他冬夏与春秋。”当初鲁迅先生用它来自嘲的。然而，现在我们有些人以此作为逃避职责，逃避非难，逃避风险的围墙，似乎就有点悖于先生的心愿了。

多少年来，面对外界的轰轰烈烈，我们总抱着一本陈年流水簿：“有什么稀奇？我们先前阔多了。”

多少年来，面对内部的推陈出新，我们总备着一个不变的套子：“改革是好，可千万别闹出什么乱子！”

多少年来，我们只沉浸在四大发明的辉煌里，又何曾想过洋枪洋炮的威力呢？一炮惊醒“梦中人”，但是，太阳依然每天从中国升起，将黄昏留给欧美——“只是近黄昏”啊。或曰：我们底子薄，人口多，中国有中国的国情，岂能“仰人鼻息”而灭自己威风？

阿Q是死了，别里科夫也入了墓，然而他们的游魂总在困绕着我们中的许多人，使我们不得“开心颜”，使恪守在“吾庐独破受冻死亦足”的陶醉里；唯一的进步就是很多人在祖传的“哄”、“骗”、“瞒”中看到了陋习，也发现了痼疾，其内心也很想革除这些陋习、这些压抑人性的痼疾，但是，他们的希望只寄托在别人身上——改革是头儿们的事，我们小兵嘎子算什么，于是，大可以躲在苦心经营的小楼，既不想承受生命之轻，又不要承受生命之重，做一个逍遥楼主，“任凭风浪起”，于我心何戚戚焉？好不容易花了代价得到的一点共识，就这么逍遥了，于是，谭嗣同白送一个头颅，林觉民白献一腔血，挨打自是挨打，但主人我依旧当。于是那种“匹夫有责”的旦旦信誓付给了长江黄河，那份靠故事名言鼓起的勇气来得快，去得更快。

自我欣赏，固能暂得“宽余”；盲目排外，固能小成“一统”，但是，关起门来造的车，总是不实用的；闭起眼睛修的历史订的计划，总是无可后鉴与展望的，更何谈发展，何谈赶超？

东学西渐，固值得自豪，西学我用，也未尝不是一种开拓。只是“拿来”，人才能成为“新人”，旧的死亡才能有新的诞生，走出小楼，才能成真正“一统”。

（二）习作选评

勇气、策略与实力

——“沪立爆”现象之精神启迪

华东师大二附中高三　张炼红

爆玉米花，道道地地中国家常食品；谁曾想，一朝美其名曰：“哈立克”便身价百倍，并凭借巨大的广告效应在上海滩大出风头。这两下一对照，平头百姓们的心气便不那么顺畅了。好在没过多久，正宗的上海货“沪立爆”及时出现在市场上，同洋气十足的“哈立克”针锋相对，展开了一场颇有意味的竞争。一时间，这一事件在社会上引起了强烈的反响，并被称为“沪立爆”现象。

如果说，从“哈立克”的烜赫一时可以窥见当前经济市场的“崇洋”心态，那么，“沪立爆”现象正体现了一种令人振奋的精神实质——在商品经济的竞争中，我们要拿出自己的勇气、策略与实力来！

要论“勇气”二字，不妨先看看“沪立爆”的广告是如何做的。上海静安区第四十八粮店前，挂出一小块黑板，上书几个粉笔字：“哈立克”？不！“沪立爆”！！！——这样的一股勇气与锐气，怎不叫人怦然心动?!

按说，中国人原是很推崇“气节”与“志向”的，因而也不乏为实现理想而奋斗的勇气。可后来，想是为了避“夜郎自大”之嫌，便有人完全抛开了昔日引以为荣的东西，而认定了中国的贫穷、落后，尽盯着生活中不尽如人意的斑斑点点，竟至只留下了灰溜溜的心情，要不就极力艳羡外面的那个繁华世界，哪里还找得到一点中国人的自信与勇气?!

“沪立爆”的出现，倒的确让人的身心为之一振！近年来，洋货汹涌而至，偌大一个中国，倘是茫然不知所措，抑或听之任之、视若惘然，实在恐怕落人笑柄。因此，就必须拿出勇气来，面对现实，瞄准一个抓一个，持之以恒，洋货“烧香赶走和尚”的荒唐局面就一定能逐步地扭转过来。

当然，商品经济的竞争，光凭几分勇气是不够的，还须讲究一个“策略”问题。以前，听说过我国出口人参用麻袋装的“笑闻”，却是怎么也笑不出来。这里，不知是否该怪罪到中国人的心眼太“直”，挑明了，即太“滞”。再瞧瞧人家呢，是商品，不论大小贵贱，装潢都很讲究，仅此一条，便使商品升值了。从“沪立爆”来看，它的经营策略也值得研究。其一，巧妙地运用了“哈立克”的广告效应，可谓借得东风，事半而功倍；其二，抓住了对方价格昂贵的弱点，以“价廉物美”博得了顾客的青睐。

而归根结底呢，竞争成败之关键，还是取决于竞争者所拥有的科技实力。随着时代的发展，科学的进步，经济竞争的实质也将越发鲜明地表现为技术的竞争。坚厚的科技实力，正也是竞争者胆识的立足点，失去了它，一切高昂的论调都将崩溃。当年詹天佑使中国人民扬眉吐气，凭借的不仅仅是崇高的民族气节与过人的雄才大略，更有高超的铁路工程技术作后盾！

“沪立爆”的成功也是这样。若没有农业科技人员精心培育出它的原料——“沪爆一号”，我们又能拿什么去同“哈立克”竞争呢？只能一如往常地叹曰：心有余而力不足……

要拥有这种竞争实力，就必须具备奋斗的精神，实干的毅力。据报道，早在1979年，我国的农科人员便着手培育爆裂玉米的新品种。当时，没得到一分钱的科研经费，但科研人员并未放弃努力，终于在近十年之后获得了成功。从中，我们颇能感受到韬奋先生所论及的那股“呆气”。的确，改革、开放，发展经济的新形势下，更需要弘扬这种忘我奋斗的精神。否则，一切期望终将化为泡影。

不觉扯远了。不过，处于当前的经济发展状况，“沪立爆”现象应当引起我们的深思。面对日新月异的商品经济的世界，我们应当敢于竞争，善于竞争，而更重要的，是要拥有能够竞争的雄厚资本！

——商品经济的竞争如是，其他方面不也是这样的么?!

〔评析〕　读罢本文，很有一种畅快：小作者以其独到的思考揭示了一个非常令人振奋的话题——竞争的勇气、竞争的策略、竞争的实力。三者的关系在作者的笔下得到了一个整体的认可。全文以并列式的结构、贯穿了层进式的立意，层次清晰，分析有梯度。针对性强，佐证得力，抓住改革开放中的现象显示了立足于自己的勇气和实力。结尾一句，看似闲笔，实在有更深远的意味，给人以启迪。

新生事物的强大生命力

福州三中高三　林　蒨

斯蒂芬孙首制蒸汽机问世时，由于蒸汽机技术还不完善，因此跑得还不如马车快，当时很多人都嘲笑它……然而在一百年后的今天，火车却能以惊人的速度前进，而马车却远远地被甩在后边了。掩卷而思，感触良深。

新生事物出现的时候，它是稚弱的、不完善的，就好像小孩呱呱落地，你难道就能要他跑、跳、唱歌、读书吗？但小孩总要成长、发育、成熟的，他比那些垂垂老矣的老翁显然充满了旺盛的生命力。

我们不要去苛求新生事物。钟爱马车，鄙弃火车的人目光太短浅了。倘若当初人们就武断地摈弃火车，那么今日我们可能还只能踟蹰于山隅之间了，哪来的日行千里的速度？由此可见，我们对于新生事物，一定要用发展的眼光对待之。

社会主义制度与资本主义制度相比，犹如火车与马车相比。社会主义制度是刚刚建立的新生事物，尽管它还不完善，但却青春焕发，生气蓬勃。从我国看，社会主义制度建立才四十年，但这四十年来，我们的祖国发生了翻天覆地的变化，取得了举世瞩目的巨大成就。特别是十年改革开放，给我国带来了更加显著的大发展、大前进。尽管四十年的历程中也出现了一些失误，尽管我们的国家还存在一些问题和困难，但是，回顾四十年，无可辨驳的基本事实是，社会主义事业在中国辽阔的大地上，在亿万人民伟大的实践中，得到了充满生机和活力的发展。资本主义，尽管这个制度在西方经过几百年的不断完善，但终究要日薄西山，气息奄奄的，因为它毕竟腐朽了，贫富不均、失业、吸毒、人与人的尔虞我诈等现象正是腐朽的征兆，倘若我们选择了这样的制度，那必然是个灾难！

当然，新生事物在问世之后，我们不能任他们自生自灭，而要科学地完善它，蒸汽火车如果不靠后人的不断完善，至今还是“呼哧、呼哧”地跑，那就失去其生命力了！同理，社会主义制度，没有今天的改革开放，它也将止步不前，我们需要的是发扬勇于探索、勇于创新的精神、把社会主义事业推向前进!

新生事物有着强大的生命力，社会主义也一定具有强大的生命力!唐代诗人刘禹锡曾经说过：“沉舟侧畔千帆过，病树前头万木春”，只要我们努力，我们将迎来一个千帆竞发、万木争春的光辉未来!

〔评析〕 “新颖”，是本文的一大特征。由于论题所涉内容较大，作者的开口便由具体的“新生事物”下笔，从“发展的眼光”入手，将议论集中，分两层去论述，即“不要苛求新生事物”和“不能任其自生自灭，而要科学地完善它”，形成层进结构，由浅入深，扣住“发展”这个纲，从而肯定“社会主义一定具有强大的生命力”这一中心。

说“中”

杭州学军中学高二　朱　衍

唐初诗人王梵志诗云：“他人骑大马，我独跨驴子。回顾担柴汉，心下较些子。”初看，不禁哑然失笑；细品味，有多少深意蕴蓄其中!“骑马者”与“担柴汉”的地位何等悬殊，而其中却有个不偏不倚正好适中的“我”。仰望“骑马者”，目标高不可攀，茫茫然无以处之，久而久之，便志气泯灭，直至全无进取之心；俯视“担柴汉”，悠哉游哉之感油然而生。这就是典型的“比上不足，比下有余”的心理写照。

据说，中国人喜“中”，更以“中”自诩为一种荣耀。在漫长的封建社会的早期和中期，中国在许多方面一直领先于其他国家。9世纪，当法兰西人在欧洲率先进入封建社会时，中国已写下了两千年封建社会的一半历史。诚然，哈雷彗星的最早记录，如今风靡全球的中医四诊法，世界最早的天文学著作——《甘石星经》令欧洲人、以至于全球自叹弗如。然而，由于“中”的作祟，人们熄灭了对未知领域探索的欲望，失去了开拓进取的精神，世界天平的重心遂从东方移到了西方。这难道不能令我们深深地思索一番了吗?

“中”者“中庸之道”也。孔老夫子这种无过不说的处世态度，随着一代一代的沿袭，滋长了中华民族的惰性，使多少人成为平庸、自私、狭隘、不求有功但求无过之辈。报载，“修氏理论”的发明者修瑞娟博士学成归国正思创新时，竟遭到一连串的攻击、诽谤，几无立锥之地。纵观古今，我以为，唯有抛弃“天下我为中”的陈腐观念，中国方能立于强国之林。

打破“中”的束缚，必须正视“不足”与“有余”。“比上不足”时，应毫不气馁，取人之长补已之短；“比下有余”时要“自省”，切不可心安理得，它会使你裹足不前。随着改革浪潮与第三次技术革命的兴起。要求我们充分发挥自己的优势，勇于创新，勇于探索，不为暂时的成就阻挡住我们前进的大道。正如牛顿在弥留之际所说的那样：“我不知道世人对我的观感如何；不过，以我看来，只不过像一个孩子，在海滨嬉戏，时常拾到一块较平常光滑的石子，一个较平常美丽些的贝壳，聊自赏玩，至于真理的大海洋则在我的面前完全未被发现。”

历史的警钟长鸣！难道我们还能像“跨驴者”悠哉游哉地回顾“担柴汉”吗?“中”字的玻璃罩我们应予以击碎，取而代之的是争做世界第一。

〔评析〕　历史是一面镜子。作者就是从这面镜子里看到民族的一种劣根性——“中”。从一首诗里获得“中”的形象感悟，更从现实中体验到“中”的危害，于慢条斯理的分析中，明确作者的观点：“打破‘中’的束缚，必须正视‘不足’与‘有余’”，并且阐明应如何正视“不足”和“有余”，从根本为“中”者鸣响了警钟。不破就无法立，要立就得破，痛哉，斯言！

“蚂蚁爬石像”的启示

东北师大附中高三　赵　航

一尊美丽的大理石女神雕像亭亭玉立于广场上，游人到此，每每驻足不前，叹为观止：“美啊！维纳斯到了人世!”然而，两只爬在石像上的蚂蚁对此却大惑不解，这明明只是一块坑坑洼洼的石头嘛，有什么好看的?——这就是中国伟大的文学家茅盾生前对别人讲过的一则小故事。讲完之后，他曾经意味深长地说：“惟能见全体者方能认识客观的真实。”仔细品味这句富有深刻哲理的话，确能使我们得到许多有益的启示。

辩证唯物主义告诉我们，世界上的万事万物都是有机地联系在一起的。因此，如果孤立地、片面地看问题，只见树木，不见森林，那么，就必然导致思想的狭隘和目光的短浅。只有在普遍联系之中，从整体上、全局上去认识事物，我们才能高瞻远瞩，掌握真理，赢得认识世界和改造世界的主动权。故事中的游人之所以能够充分感受石像的美，而蚂蚁却陷入了可怜和可悲的境地，我想，原因就在于此吧。

这则小故事，不禁使我联想到了应该如何正确地认识和对待当前改革中出现的某些问题。

九年来的艰苦创业，九年来的改革开拓，已经给古老的中华大地带来了蓬蓬勃勃的生机和活力。但是，在改革的进程中，人们仍然会听到这样的一些街谈巷议："如今是做小买卖的肥了，拿工资的赔了。""现在除了收破烂的，没有不涨价的"，"咱们长那点工资，还不如物价涨得快!""改革，改革，怎么越改问题越多?"紧接着，便常常是一阵阵的唉声叹气。为什么这部分人对改革会有这种错误的认识呢？究其原因，主要就在于这部分人在观察和思考问题的时候没有坚持辩证唯物主义的全局观点。

改革，是一项伟大的事业。但是，正如美丽的石像上会有一些小的坑洼一样，伟大的改革事业中也避免不了会出现一些问题和缺点。那么，我们应当怎样来看待这些问题和缺点呢？一叶障目，就抱怨太阳失去了光辉吗？摸到一条象腿，就断言大象只是一根圆柱吗？显然是没有道理的。正确的方法，是应当从客观事物的相互联系中作出实事求是的全面的分析。就拿涨价这件事来说吧，首先我们必须看到，涨价有必要的价格调整和乱涨价之分。那些在国家的控制下有计划的价格调整，有利于推动社会主义商品经济的发展，促进生产力的提高，因而对社会主义经济建设的全局来说不是一件坏事，而是一件好事。当然，在这个过程中，也确实经常有乱涨价的现象发生。但这毕竟是局部问题。而且国家也正采取有力措施来制止这种现象。因此，单纯抓住涨价这一件事就对改革表示怀疑，甚至于发牢骚，显然是不对的。再说，我们还应该看到，这几年尽管物价涨了不少，人民的生活水平还是有了明显的提高，只要看看我们自己碗里吃的，身上穿的，家里用的，那就谁也不能否认这个事实了。怎么能抓住一点，不计其余，硬说"工资没有物价涨得快呢"？

看待改革中出现的问题是这样，动手去解决改革中出现的问题更应当是这样。我们的国家当前还处在社会主义的初级阶段，前面的道路既很艰巨又很漫长。在这个时期，如果缺乏战略眼光和全局观点，仅仅把眼睛盯在一、两个局部问题上，就心急火燎动手去解决，急于求成，盲目求纯，事情反而会越弄越糟。我想，艺术家在雕刻一尊石像的时候，总得先有一个总体的构思，然后才能从全局出发决定哪儿该刻，哪儿该磨吧？如果像蚂蚁一样，鼠目寸光，只看到身边那一点点小的坑洼，就手忙脚乱地去刻、去磨。那么即使累得满头大汗，也很难使整座雕像得以完美地诞生！记得小时候常有这样的事发生，作业本上弄了一小点污渍，我越看越不顺眼，于是拿起橡皮狠狠地擦，结果纸上擦出一个窟窿，作业本反而弄得更加难看了。同样的道理，面对一场深刻改革中所出现的局部问题，便感情冲动，气急败坏，鲁莽地、不计后果地做出一些有碍全局的事情，那实在不能说是一种聪明的做法。

总之，无论是认识改革还是对待改革，我们都必须坚持辩证唯物主义的全局观点。优秀思想政治工作者刘吉在同青年对话时曾经说过："宏观上看形势，能消除疑虑，思想亮堂；大局上看改革，能消除误解，信心坚定；长远上看物价，能消除怨气，心里踏实。"这话说得多么好啊！如果我们每个人都能以这样的战略眼光胸怀全局，高屋建瓴地去认识和对待改革，那么，改革的成功就必定会更早地到来，而我们伟大的祖国也就必定会更早地实现富强、民主、文明的理想，像那美丽的大理石女神像一样光彩夺目地屹立于世界的东方。

改革的洪流正在滚滚向前。未来改革的重担必将落在我们青年人的肩上。让我们坚决地消除蚂蚁般的短浅目光，真正用马克思主义的全局观点武装自己的头脑吧！

〔评析〕　"语重心长"，毫无疑问是本文最明显的论证特色。所谓"语重"，就其立论而言："无论是认识改革还是对待改革，我们都必须坚持辩证唯物主义的全局观点"；所谓"心长"，就其论述说理而言，因小见大，没有过分的宏篇大论，从一则小故事说起，从原因说到应有的态度，都在一种恳谈式中进行，既有切身的感受，又有社会现象的感验，相辅成证，收到颇佳的说理效果。

瓦瓮·隘路·价值

华东师大二附中高三　王　昕

常会遇到面对取舍，不能自决的尴尬处境。刘颇偿瓮通路的故事很有启发。

故事是这样的：车载瓦瓮，塞于隘路，众车进退不得。无奈间，刘颇开囊偿瓮，遂推之崖下，群噪而前。

刘颇确实大方，还有点牺牲个人的集体主义精神。然而更令人感叹的是他的果断，他看问题的高度和处事的魄力。

瓦瓮，还是隘路，这是一个选择，而选择的标准在于它们的价值。问题还不是那么简单，瓦瓮有其货币价值可衡量，隘路呢？这就是关键所在。而刘颇的高明之处就在于他认清了并非显而易见的价值，并作出了正确的选择。

人的一生有多少选择。生活、学习、工作，以至人生道路，每个人都不得不作出取舍，也只有在取舍中才能前进。聪明的人选择能充分发挥自己才能的机会，高尚的人选择符合多数人利益的道路。鲁迅先生“弃医从文”的选择可谓聪明，且高尚。刘颇的选择，在今天看来，也是颇有一点“改革家”的风度的。

我们的国家刚作出一个英明的选择。经过了几十年的痛苦和争执，一个很不舍得又很不容易“推于崖下”的“瓦瓮”终于被认清其价值，这个“瓦瓮”就是“左”的思想和僵化的经济体制以及由此带来的“大锅饭”、官僚主义、低效率、人浮于事等等。我们的“车队”正进入重新启动和加速的阶段，恰是“群噪而前”的状况。

然而，在前进的道路上，常有“瓦瓮”阻隘，以至更值钱，更舍不得丢弃的“花瓶”、“古壶”之类。我们面临新的选择。

改革、开放是正确的选择，实践证明是成功的。但也存在着不少问题：一面是少数不法经营者腰缠万贯，个别国家干部私欲难填；一面是部分贫困地区尚处在温饱的边缘。有些得利较少的人叫苦连天。开放的潮流，随着商品、技术一起涌入的，还有资产阶级的生活方式、意识形态等。听之任之吗？我们的“车队”再也不能等待。“全盘西化”吗？那是引向深渊的路。还是回到过去那梦魇般的岁月？

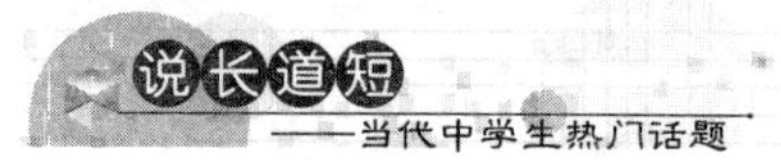

我们面临新的选择，我们必须认清价值。

在此又想到了刘颇的果断和魄力，是“瓦瓮”，还是“隘路”，我们自己选择。

〔评析〕　本文谈选择，谈的是落后还是发展的选择。由一则故事引申开去，形象说理，从个人选择到国家选择，因小见大，强调了选择的必需与迫切。话题是老话题，让人想起《拿来主义》，但老瓶子装新酒，这“新酒”就是“我们面临新的选择，我们必须认清价值。”催人自醒，发人自新。很实在也很中肯更是很迫切。立意颇新。

（三）命题试析

《开窗户·安纱帘》

这是一种比喻。要让屋子里空气光线好，必须开窗；为了防止虫、灰，必须安上纱帘。国强民富，必须要改革开放；为了防止坏因素的侵入，必须要加强国民素质训练、管理措施，健全法制等等。要学会辩证分析，宜用喻证法、对比法。

《没有拿来，人不能成为新人》

文题是论点。“点下”至少有两个层面可以开拓，即从历史中去拿，谈继承与创新的关系；从外国去拿，谈开放的意义。由此及彼，宜用层进法：人如此，国亦如此。

（四）名篇欣赏

今　天

逸　民

今天凝视着你。今天驰过时间。今天像一道闪电般的深刻而启示的目光朗照东方：世界属于你，中国！

今天结束一切。今天开始一切。今天像一条长虹般的辉煌而弯曲的道路通向明天：未来属于你，中国！

哦，黄土地！哦，黄皮肤！今天恍若昨天——你伟大的先人如同信手拔下一丝头发最早用一根锈迹斑驳的针为黑暗与迷途中的人类火炬一样指示了方向；仿佛孩子游戏也似最早在东方神秘的山林里随意放了一声比巨雷更响的“爆竹”便震惊了依然跋涉在沼泽与荒漠上的西方；据说古往今来的全部文明都源出中国，因为记载这些文明的所有文字的确毫无疑义地写在东汉蔡伦最早发明的纸上……而今天无意追忆，历史云烟一样过去。

哦，黄河！哦，龙！今天就是今天——当1840年英国人的坚船利炮第一次打破清廷大门的时候，自尧舜禹汤文武周公流传下来的远古神话便在一夜之间消失了。你的金戈铜杵何在？当沙皇俄国以短枪毛瑟就轻易割去北方150万平方公里土地的时候，“秦时明月汉时关”的华夏文明便无可奈何地衰落了。你的长城大风何在？当八国联军火烧圆明园还把数不清的不平等条约像“罪”字一样签在中国人脸上的时候，唐音宋韵的辉煌弦歌暗哑了。你的文治武功何在？当日寇掳掠我河山蹂躏我家园奸淫我姊妹的时候，所谓“中央帝国”的美梦便幻灭了。你的尊严何在？……而今天不怜悯眼泪，历史却不能忘记。

哦，中国！哦，中国人！今天正是你的使命。今天同样早在1840年就已开始了。今天飘荡过林则徐虎门抗英的黑色浓烟。今天席卷过洪秀全起兵反清的如林义帜。今天响彻过谭嗣同变法失败的喋血呐喊。今天目睹过孙中山辛亥革命的大浪淘沙。今天欢呼过一代风流毛泽东及其中国共产党人开天辟地的艰苦卓绝和巨大成功：中国人民从此站起来了！今天必须记住这句历史性的名言：从此站起！今天也必须不忘这样一个无比坚贞的信念：一个有史以来拥有黄河和长江两大血脉的最奇伟的民族的生命力绝对顽强，中国毕竟是中国，中国不仅“从此站起”，中国仍将急流勇进，中国还将最终仰起雄狮般硕大无朋的头颅直逼天空和世界。

今天，西方不是天堂。马克思老人早在资本主义如日中天之时就已发现它的罪恶并预言了它的死亡：让统治阶级在共产主义革命面前发抖吧，无产者在这个革命中失去的只是锁链，他们得到的将是整个世界。而真理是一棵大树，几乎所有文明之花无不绽放在流动着生命与智慧的躯干上：让所谓“不战而胜”的狂言在整个现代世界的竞争中见鬼吧，我们在这场竞争中丢掉的只是落后，而得到的将是全部文明。

抓住今天！

开拓·创造篇

（一）立意指南

寻找智慧的人生

人生苦短。许多人都在竭力想延长人生的路的同时，却忽视了一个基本事实：开拓和创造。只有开拓，可以丰富人生，唯有创造，可以发展人生，可以使沉睡的被唤醒，使失落的被找回，使朦胧的被清晰。

然而，现实生活中，我们往往自觉或不自觉地受这样那样的限制，主观的，客观的，由于自身固有的惰性、依赖性，这种限制越来越膨胀——我们很容易躺在书本上去寻找内心的寄托，躲进概念里去追求宁静的解嘲，而事实上，在这当儿，我们已失去了自我，丧失了扎根的土地，因而，也失去了生命应有的光泽。

那么，如何寻找智慧的人生呢？

林语堂先生曾说过："我们只有摆脱思想而生活，才能脱离这种哲学的酷热和恶浊的空气，进而重获得一些孩子的新鲜的真见识。"摆脱惰性而生活，则需要自信和勇气；摆脱思想而生活，则需要智慧和实力。生活是多姿多彩的，我们既然不能要求千山一态，也就不能要求众人一面，万事一见，为什么我们不能使心灵更活跃些，换个角度，远近高低就各不相同了。借鉴毕竟是"借"的，模仿毕竟是"仿"的，权威的可信度在一旦失去权以后，威也不再具备，有什么理由去崇拜与迷信呢？

每个人都是一个宇宙，都有自己的天地，痛苦也好，快活也好，全部的意义都在我们自己的领地。创造性地读书，思考性地生活，即使痛苦也比淡漠无味强过百倍。既是宇宙，就该乘上想象的飞船，从已知起飞，去向浩渺的太空。

人生是弹性的。压力越大，弹性越足。这份压力来自独特的思考独特的发现。伟大与平凡固难以区分，然而，平庸与伟大却是一目了然的。没有压力的生活，就像不流动的水，有一阵风过，也只是皱皱水面而已。

人生最困惑的，便是看不到自己。拿着人家的镜子去认识自己，那仅仅是一个外壳。确认自我，发展自我，开拓智慧的人生，那么，我们便永远不会去为"人生是否太短"而苦恼了。

（二）习作选评

突破思维定势

南京师大附中高三　吴　欢

在不久前的一次展览会上，我看见了一件极不起眼的展品，但它却给了我很大的启发。这是一件与众不同的烧菜用的围裙。一般的围裙至少有三根带子，使用时往脖子上一套，在后腰系上个结；而这条围裙却没有一根带子，只在腰上镶了一条有弹性的金属条。这样一来，省却了许多麻烦，用时只要往腰上一卡就行，方便多了。

古老的围裙以一成不变的形式在中国存在了十几个世纪，尽管社会和科学在不断地发展，但在围裙古老的使用方式上却毫无体现。这是为什么呢？我想这是人的思维定势在作怪。天长日久看着围裙的老面孔，觉得它理所当然就应该这样，殊不知它已经不适应时代的节奏。

现在的科学技术高度发达，因此要想在某个方面即便是最微不足道的地方（如围裙）取得改进，也需要大胆地突破思维定势。

人们在思考问题时，常常自觉不自觉地受到某些条条的制约或影响，束缚了自己的思想。这种受条件限制的思维，有两个表现：一是由于自己形成的习惯而造成的主观限制；二是由于前人总结的经验而造成的客观影响。人们在思考时，总爱沿用习惯的、固定的思路来考虑或处理同类问题，不愿也不敢于独辟蹊径，这必将限制思想的创新。因此可以说，一切学习都可能使思想受到限制，即使是对真理的学习也不例外。正如法国生理学家贝尔纳说的："构成我们思维最大障碍的是已知的东西，而不是未知的东西。"

既然如此，那么怎样才能克服受条件限制的思维呢？不能因为学习会使思想受限制而不学习，通过学习既要学到已有的知识，更重要的是要学会探索未知，培养独立思考的能力，因此应该有分析地学习。因为知识都在一定的历史条件下产生，所以对知识要历史地、具体地掌握，应当把握在实质。博览群书会有很大好处，现代各学科理论互相渗透，借用其他学科的理论和方法，有时会取得意想不到的效果。这已有不少先例。开展讨论，可使思想活跃，能够提出打破习惯思维的问题。另外，还要勇于实践，精心观察，去伪存真，由此及彼，从实践中悟出真知。当然，最主要的还在于每个人自觉培养适合于自己的思维方式。

如果既注意克服习惯性思维，防止固执性错误，又能不受他人思想、方法的限制，就可能很好地发挥独创精神。也只有这样，才能有所创造，有所成就。

〔评析〕　议论文的突破口寻找是审题立意的关键。本文便是抓住了关键才得以游刃而有余。即以改进“围裙”之小事为发端，引发带有普遍性的理——突破思维定势。真所谓“一粒沙里看世界。”同时又不就事论事，而是借题发挥，深入地分析思维受限制的主客观条件后进而阐述“突破”的途径——学会探索、培养独立思考的能力，培养适合于自己的思维方式。由叙到议，由问题的提出到问题的解决，序而有致。

权威与盲从

华东师大二附中高三　王　峥

茫茫苍穹，纷纷扰扰，不乏“杞人忧天”之事。

不久前，新华社不慎误发了一则新闻：一颗小行星即将“作客”地球，五十亿地球居民将有一半告别人世。显然，对这条性命攸关的报道本该慎重对待，岂料全国大大小小各类报刊都迫不及待地转载了新华社原稿，掀起了一场“地球危机”的风波，弄得人心惶惶，如芒刺背。

好在一些科学家及时以科学的论断否定了上述说法，人们高悬的心方才落地。好一个“天下本无事，庸人自扰之”。

“危机”已经过去，日子依旧太平，然而由此折射出的国人心态较“危机”本身却更令人不安，一个硕大的问号久久印在人们脑海：为什么新华社不慎误发一则新闻，会以讹传讹，导致在全国范围内产生“多米诺骨牌效应”?

深思一番，其原因显而易见：新华社是中国新闻机构的权威。权威还会犯错误？权威还能被怀疑？诸位编辑“老总”们正是在这种长期形成的习惯性思维支配下，不假思索，毫无异议地刊出了这则“爆炸性”新闻。殊不知，这下可乱了自家人的阵脚。

再追溯一番，不难发现这种认为“权威永远而且绝对正确”之心态由来已久，并非新潮。曾记否，50 年代马寅初教授提出须注意人口问题，然而当时全国上下一致认为权威意见绝对正确，并紧随权威，对马教授横加指责，结果三十多年前的这场人口“大批判”，成为今天民族经济腾飞的巨大羁绊。又曾记否，六、七十年代中国人“盲从权威”的心理发展到了历史最高峰，凡是权威说的，做的都被认为绝对正确，不容半分怀疑！结果，十年一觉荒唐梦，中国人为此付出的代价至今还偿还不清……

“青史如镜鉴是非”。从历史的教训中看出这种庸俗心态是与“君君臣臣、父父子子”思想一脉相承的。毋庸讳言，尽管封建专制已一去不返，但封建残余仍在一些人的深层意识中根深蒂固。他们认为：“跟着权威走最省事、最保险”，于是乎，大小事情都由权威说了算。久而久之，形成了这种习惯性思维。殊不料一错则百错、千错，小则搞得人心惶惶，大则会造成难以弥补的损失。

由此可见，盲从心态表面上是一种绝对服从，实质上是不折不扣的敷衍，是对祖国建设的冷漠麻木，是对中华民族振兴大业的极端不负责任，实在应该“口诛笔伐”。

与此同时，那种以科学眼光分析一切事物，独立思考，敢于对某些权威意见提出异议的可贵精神实在应该大力提倡。这种可贵精神是民族自信力的高度表现，是时代的责任感、使命感的高度体现。

当然，科学地怀疑权威是一种辩证的扬弃，绝不意味着盲目怀疑一切，一概否定权威。其实，那种走上另一极端的“全盘否定、怀疑一切”同样也是一种盲从。

要克服盲从的习惯性思维说说容易，做起来困难，然而正因为其难才更应该努力地做。90 年代的曙光已经来临，如果每一个中国人都从我做起，从现在做起，从小事做起，本着科学精神，勇敢地追求真理，以克服盲从心理，那么前不久“地球危机”之类的“杞人忧天”之事还会再发生吗？

〔评析〕　这是一篇思想评论。其针对性，其现实性都较强。发端便有一种“析薪”之势，扣住材料，以感受去替代理性分析，让人有真切感。紧接着以问探源，揭示了盲从的危害与荒谬，并佐之以史实，分析盲从的主客观心态，以辩证的扬弃观去“拨乱反正”，收到很好的议论效果，从而达到了“教育别人”的目的。

换一个角度思考

广西南宁三中高89（2）班　杨东升

大家或许都听说过《小马过河》的故事吧。故事讲述的是：小马要过河，问牛大伯是否可以过。牛大伯说河水很浅，当然可以过；松鼠却告诉小马，说水很深不能过。正当小马欲过不过、犹豫不决时，妈妈告诉它要自己多想想，结果小马顺利地过了河。

在这则故事里，小马先后经历了两个问题。开始时，它与牛大伯、松鼠一样认为，过河必须先知道河水的深浅，不知深浅怎么过？然而，河水的深与浅都是牛大伯、松鼠依据自身的条件所作出的判断。如果小马一直停留在这个问题上的话，那它就一辈子也别想过河了。它只会永远在想：水到底是深还是浅呢？因为小马的自身条件与牛大伯和松鼠的自身条件都不同，自然也就无法根据它们的说法来判断河水的深浅。幸而它后来得到了妈妈的启示，从问题中跳出来，而进入另一个问题，并把思维的重心巧妙地转移到这个问题上。不过，怎么知深浅？于是，小马大胆尝试，终于过了河，并知道了河水的深浅。思维重心的变化，使它一举解决了两个问题。

让我再举一个例子吧。古代有个国家在处决死囚之前，要分别在两张小纸片上写上“死”和“活”二字，然后让犯人抽。有一次，一位被诬陷的死囚要被处决了，他的仇人偷偷把写有“活”字的纸片换成“死”字，认为死囚必死无疑了。不料，这事让那位死囚知道了，他该怎么办呢？

在我们看来，无论是拒绝抽纸条，还是明知有诈也去抽，或者揭穿仇人的诡计，都必死无疑。可是，那位聪明的犯人却用了一种我们意想不到的方法。他抽出纸条，看都不看便扔进嘴里嚼烂了，他说只要看另一张纸条便知道抽中的是什么了。狱卒们一看，袋里剩下的纸条上写的是“死”字，那位死囚于是获得了赦免。

这位犯人的聪明在于：别人总是把思维的重心放在抽中的纸条上，而他却不这样做，他把思维重心转移到未抽到的纸条上，以“逆向思维法”替代人们常用的“逻辑思维法”。思维重心的变化，使问题的结果发生了根本性的变化：原来无论怎样抽，抽到的总是写有“死”字的纸条；而现在无论怎样抽，袋里留下的只能是一张写有“死”字的纸条，也就是说，被抽走的一定是写有“活”字的纸条。

由此，我们懂得了学会改变思维角度的重要性。当你遇到一个棘手的问题，使用人们惯用的“逻辑思维法”来思考，绞尽脑汁，怎么也解决不了时，不如干脆把思维角度换一下。因为思维角度的变化，往往会使原来的困境一下子变得豁然开朗。犹如“山重水复疑无路，柳暗花明又一村”一样。

〔评析〕 尽管本文在论证时总给人缺了点什么的感觉，但是，小作者别开生面的立意，对材料所作的切实的分析与挖掘，使文章恰到好处地表达了“换一个角度思考”的重要性。角度选得好，点选得好，因此，分析的精辟、论证的严密、结构的紧凑，使读者有种豁然开朗的感觉。

贵在有首创精神

云南昆明市安宁县禄脿中学初三 飞 翔

哥伦布是世界著名探险家，一生为发现新的“世界秘密”作出了杰出贡献。在一次宴会上，有人却认为发现新大陆算不了什么，谁都可以去发现，这是再简单不过的事了。哥伦布略一沉思，取来一个鸡蛋，要人们将它立在桌上，可竟没一人能行。最后哥伦布把鸡蛋底部弄破一点，就立起来了。接着他说：“先生们，这是再简单不过的了！谁都可以做的——在有人做了以后。”哥伦布这句富有哲理的话，形象地告诉我们：贵在有首创精神。

的确，这样立起一个鸡蛋实在是太容易了，可是你不敢把它弄破一头，就很难把鸡蛋立起来。因为那是首创。

首创精神是社会前进的火车头。第一个举起石斧扑向猛兽的人，第一个制造火药的人，第一个咬开蟹螯的人，第一个环球航行的人，第一个登上月球的人……每个“第一”，都把人类带向了新的纪元。也正是这种“敢为最先”的精神，推动着人类文明的历史前进，鼓舞人们奔向明天。意大利航海家哥伦布的成功，也就在于他目标坚定，敢于探险、勇于首创。他接受先进的地圆学说，率领圣玛丽亚号第三条船，经过多次危难，终于发现了美洲新大陆，登上了华特林岛。

从古到今，无论国家繁荣、民族兴旺，还是个人事业的成功，无不同敢于首创相联系。战国时赵武灵王敢于发布“胡服骑射”的命令，大胆向最顽固的传统习惯和保守思想宣战，让他们脱下祖传的宽大衣服，扔掉笨重的战车，使赵国国富民殷。这凭的是什么？是首创精神。两千多年前，大哲学家亚里士多德错误地认为重物体总比轻物体下落快，于是这个观念禁锢了世人两千多年。然而伟大的科学家伽利略却不畏权威，不去盲从，他经过无数次实验，终于发现了“如果轻物体不受阻力，下落就一样快”的自由落体理论。这又是凭的什么？是首创精神！首创精神，使科学家硕果累累，使文学家流芳千古，使平凡劳动产生伟火业绩，使有志之士成为国家栋梁。今天，我们多么需要发扬这种首创精神啊！

然而，长期以来，一些人思想僵化，顽固、保守，不敢争当“第一”，害怕创“新路”。旧的思想观念常常缚住人们的手脚，压抑了多少人聪明才智的发挥。过去，我们的经济体制犹如一部沉重的机器，许多地方生锈了，卡死了。放眼世界，新的技术革命的浪潮滚滚而来，势不可挡。世界经济重心也正在东移。机会！千载难逢的机会！我们要利用时机，迎接挑战。无数志士行动起来了：步鑫生率先打破“大锅饭”，茅学聪大胆冲破关系网，温元凯提出最新的中国大趋势，深圳的体制改革大见成效，武汉大学校长刘道玉大抓教育改革，提出了培养创造型、多功能审美型学生的新观点……他们不安于祖国落后现状，闯出了新路子，干出了前人没干过的事业。这种精神，就是当今时代最为宝贵的首创精神。

面对飞旋的时代，重要的不是看到我们做了什么，而是要明白我们还没有做什么。广阔世界无数未知领域在等待我们。我们要以哥伦布的首创精神，去大胆探索，开辟新的天地。我们坚信，哪怕是最不完美的创新，也比最周全的守成伟大一百倍！

〔评析〕 文章以众所周知的事例引出中心论点，更具有说服力。紧接着，纵合古今，横连中外，列举了数个具有首创精神的例子，充分肯定了“敢为最先”的精神。然后笔锋一转，针对那些不敢争先的人，进行批评，在破的基础上，指出当今时代最可宝贵的是首创精神。尤其是结尾一句“哪怕是最不完美的创新也比最周全的守成伟大一百倍！”发人深省，力透纸背。

习　惯

华东师大一附中高三　冯绮红

习惯就是长时期里逐渐养成的一时不容易改变的行为或看法。一件事物见得多见得久了，就变得自然而普通了。

习惯的形成需要一定的时间，长时期地接触某一事物便会逐渐形成习惯，即使是一些坏事物也同样如此。旧中国的封建势力如此强大，持续了几千年，不正是因为它持续得太久，在人们心中已成了习惯，根深蒂固了吗？有钱人成了理所当然的剥削者，穷人也成了理所当然的被剥削者。穷人在长期的习惯势力的压迫下，变得麻木了，他们被剥夺了人的权利，过着牛马不如的生活，却始终相信这是命里注定，不能改变的。鲁迅笔下的祥林嫂就是典型的代表。

习惯成自然，而习惯一旦成了自然，要想改变它就不是一件容易的事。不用说当年妇女解开千百年来令她们寸步难行的裹脚布，男人们剪去脑后那条引以为豪的大辫时翻天覆地的情景，就是今天为了打破被称为"社会主义优越性"的大锅饭也经历了一场暴风雨。习惯像一条无形的锁链禁锢着人们的思想，阻止人们发现前人的错误，抑制人们的创造力。只有不满足于习惯的人才会有创新。伽利略勇敢地冲破强大的习惯势力，推翻了早已为人们接受的亚里士多德的学说，创立了自由落体学说。李四光断然否定了"中国无石油"的说法，翻开了中国石油开采史的第一页。他说："不怀疑不能见真理，所以我希望大家都取怀疑态度，不要为已成的学说所压倒。"的确，习惯会压倒一些人，但它却压不倒那些不畏艰险，敢于开拓的勇士。

要改变习惯当然是要付出代价的。布鲁诺为了推翻"地心说"被活活烧死，我们的革命先辈为了建立一个新社会献出了宝贵的生命，即便是今天也有一些改革者在流言蜚语的枪林弹雨中"纷纷中箭落马"。习惯——这条无形的锁链，束缚着人们的思想，阻碍着社会的进步。勇士们，举起你锋利的宝剑，斩断枷锁，骑上时代的快马，飞奔吧！

〔评析〕　围绕一个老人常谈的话题"习惯"，作者先后从其定义、形成、其不易改变以及改变所付出的代价等方面，有条不紊地作了具体阐述，正反结合，更具典型性；引证恰当，更具说服力，论述与例举相得益彰。

模仿、借鉴、创造

北大附中高三　何　鲤

人类是伟大的。他们一代又一代地传递智慧的火种，而智慧的增长却离不开在严肃态度和科学精神指导下的不断地模仿、借鉴和创造。

模仿、借鉴、创造三者之间既有联系又有区别。模仿是学习的最低层次，它是指对事物简单地仿效。甚至连有的动物也能模仿，比如猴子学人的各种动作，往往惟妙惟肖；而鹦鹉学舌，更是格外动听。借鉴是建立在模仿基础上的，这只有人才能做到，它以批判的眼光对待眼前的事物，能做到取其精华，去其糟粕。而创造则是在知识积累到一定程度后，心智与灵感迸发出来的火花。正因为有了创造的渴望和力量，人类才能从茹毛饮血的原始时代发展到高度文明的今天。

我们该怎样地处理模仿、借鉴、创造三者间的关系呢？

首先，我们应大胆地模仿、借鉴。空中楼阁是不存在的，我们应努力地向古人学习，向今人学习，向自然界学习，为将来的创造打下坚实基础。牛顿建立了经典力学的大厦，给人类带来了真理的光明，但他却诚恳地说“如果说我所见的比笛卡尔要远一点，那就是因为我是站在巨人的肩上的缘故。”而法国天文学家李希尔又从牛顿力学中得到启发，富于创见性地以摆动的特性测定了地球的扁率。模仿、借鉴有时是需要胆识和勇气的。古人羡慕小鸟在天空的自由，把鸟羽插在身上用蜡固定，从高处跳下来，结果粉身碎骨。模仿失败了，但却给人以激励和经验。随着认识水平的提高，人们越来越科学地借鉴小鸟飞翔的原理，不断尝试，终于研制出了飞机。从此，脚踩泥土的人类又占领了一个蔚蓝的世界。由此可见，模仿和借鉴是创造的基础和前提。

同时，我们决不应满足于机械地照搬原样，简单地套别人的模式。我们不该忘记，博采众家之长，目的正是为了创造。聂卫平苦心研读古今中外棋谱，但他没有局限于此，而是自成一家，以“聂旋风”饮誉棋坛。毕加索在学院的深造中，屡获褒奖，不到16岁便声名烜赫，若顺着这条道路走下去，无疑会成为一位硕果累累的写实大师。但他却在兼收并蓄各家之长的基础上，冒险地走向了对抗学院派的反叛道路，创立了震动世界的立体派艺术。相反，邯郸学步、东施效颦，却只能为世人所笑。我们的改革开放也是这样，学习西方的先进技术和管理方法是必要的，但如果抛开国情搞全盘西化，只能使中国倒退。我们只有取人之长，为己所用，并结合自己的优势，才能创造出有中国特色的社会主义。

人类的全部文明史，是不断继承优秀传统的历史，也是不断破除迷信，解放思想的历史。面对大千世界，未知的奥秘比已知的更多，我们应该勇于模仿，乐于借鉴，勤于创造，用每个人哪怕是微弱的光和热，使人类一点点接近理性的高峰。

〔评析〕　全文立意于如何正确地模仿、借鉴、创造。行文并不急于阐述中心，而是先分析了三者的关系和本质，以稳固立论的基础，然后以古今中外的事例丰富和充实自己的立意，从而阐明“我们应该勇于模仿、乐于借鉴、勤于创造。”在不枝不蔓中娓娓道来，更显论说的充分。

再谈“模仿”、“借鉴”、“创造”

北大附中高三　吴红江

现在我们都在提倡要多一些创造力。确实，从古至今创造力对于社会进步起了巨大推动作用。但是，创造力是从何而来？发明、创造的产生取决于哪些因素呢？我想，模仿是基础，借鉴是关键。

模仿就是学着现成的样子做，就是一般所说的“照葫芦画瓢”，它是产生创造的基础。历史的每一项发明，如果我们追溯其产生的根源，无不起源于模仿。人类模仿鸟类飞行而发明了飞机，模仿鱼类的游动发明了潜艇。模仿是一种实践活动，人们能从模仿中产生创造的愿望，认识新事物；也能从中学到创造新事物的基本技巧。不管多么有名的京剧演员，都是从模仿别人的表演开始自己的舞台生涯的。

借鉴，就是对模仿的对象进行分析，吸取其中对自己有益的东西，也就是“择善而从”。如果说模仿只是简单的照搬，借鉴就是“取其精华，去其糟粕”。所以，借鉴是模仿的发展，可以说是高级的模仿。模仿人人都会，甚至于有些动物也不例外。但并不是每个人都会借鉴。前一阵，某些歌星、影星一味模仿外国人的表演，却缺少借鉴，结果使自己的表演成了一个“四不像”。这与被古人所嗤笑的“邯郸学步”是何等相似。借鉴，能够体现出人类创造的愿望。人们能从借鉴中获得创造的灵感，也能找到创造的途径。

在模仿的基础上，根据借鉴来的有益经验和教训，想出新方法，造出新事物，这就是创造，这是前两者发展的最高层次。如果说，通过模仿和借鉴得到的仍然是现有的东西，那么创造给予人们的则是前所未有的新东西。应该说，正是“创造”在推动着社会前进。能够进行创造是人类与动物的本质的区别。是创造使人类有了今天美好的一切。大家所熟悉的歌星崔健就是对西方摇滚乐在模仿、借鉴的基础上，结合他自身特点，进行创造，形成了他自己独有的风格。受到广大听众欢迎。毛泽东没有照搬马列主义，也是在学习、借鉴的基础上开创出一条把马列主义同中国实践相结合的道路，从而引导中国革命取得胜利。

今天，随着我们社会越来越多的开放，我们所接触到的外国的东西也越来越多，对于西方社会的方方面面，我们该怎样对待呢？有人在学西方人的衣食住行，甚至也有人在学习西方人的一些腐朽的东西。西方国家有很多方面确实比我们先进，我们要学习，但要善于借鉴，像鲁迅先生所说的：“要运用脑髓，放出眼光，自己来拿！”更要会创新。只有这样，我们的社会才会发展进步，我们也能成为鲁迅先生所说的“新人”。

〔评析〕　从模仿到创造，借鉴是关键。小作者在一种阐释中立意，层层说来，从容不迫。选例具有典型性——以中学生所热门的歌星、影星为例，使论证的道理更有贴近感。道理的阐释，作者本身就立足于借鉴和创新意。如对“借鉴”的阐释，就着眼于“鉴”的意义：“取其精华，去其糟粕”，新意即出，论证就更具价值了。

（三）命题试析

《务实与创新》

这是一种相辅相成的关系。在学习中、生活中、工作中，都要强调务实精神，这是一种基本的人生态度，同时要有创新意识、不盲从，这是一种品质，二者不可分割。我们强调的是求实下的创新，避免想入非非不切实际；是创新下的务实，避免亦步亦趋。文章宜主辩证分析。

《生命在于创造》

对生命的理解，不同的人有不同的思维角度。然而，岁月、机遇等等并不是决定生命的关键。唯有创造，才是真正把握了人生，丰富了生命。生命靠创造来延长。宜用引证法、分析论证。

（四）名篇欣赏

把命运转换成使命

邬如昆

在古希腊神话中，有一个西齐弗的故事。

西齐弗因为在天庭犯了法，被大神惩罚，降到人世间来受苦。对他的惩罚是：要推一块石头上山。每天，西齐弗都费了很大的劲把那块石头推到山顶，然后回家休息，可是，在他休息时，石头又会自动地滚下来，于是，西齐弗又要把那块石头往山上推。这样，西齐弗所面临的是：永无止境的失败。大神要惩罚西齐弗的，也就是要折磨他的心灵，使他在“永无止境的失败”命运中，受苦受难。

可是，西齐弗肯认命。每次，在他推石头上山时，大神都打击他，告诉他不可能成功。西齐弗不肯在成功和失败的圈套中被困住，一心想着：推石头上山是我的责任；只要我把石头推上山顶，我的责任就尽到了；至于石头是否会滚下来，那不是我的事。

再进一步，当西齐弗努力地推石头上山时，他心中显得非常的平静，因为他安慰着自己：明天还有石头可推，明天还不会失业，明天还有希望。

大神因为无法再惩罚西齐弗，就放他回了天庭。

西齐弗的命运可以解释我们一生中所遭遇的许多事情，西齐弗的努力也可以是我们努力工作的写照，但是，西齐弗能把命运转换成使命的方式，是否亦是我们的生活模式？

个人意识到自己的存在，认同自己的存在，已是一件不简单的事；个人能透视自己的命运，掌握自己的命运，更是件不容易的事。但是，更困难的，则是把命运转换成使命，因为，使命的含义要超过神话中的内涵，它不但要替自己的存在谋求出路，它还要在感受到失败痛苦中，去替人类、替世界创造快乐与幸福。

理想·奉献篇

（一）立意指南

开一方天窗

“也许多少年后在某个地方/我将轻声叹息地把往事回顾——/一片树林里分出两条路/而我选了人迹更少的一条/从此决定了我一生的道路。”这是美国诗人罗·弗罗斯特的诗句。我想，这或多或少可以给那些至今尚在纵横阡陌的路口徬徨的人一点断然的勇气，一点认定的勇气，一点抉择的勇气。这勇气，是被扔进地狱之前看到窗口有双期盼的眼时的感验；这勇气，是大热天喝了雪水时的感受；这勇气，是在凝固闭塞的空间里开一方天窗时的感悟。

人总是要有点精神的。祈盼能轰轰烈烈，是好的，但是在平平淡淡的生活中，在平平凡凡的岗位上，用自己的心去洒点爱，用自己的手去创一份业，不也是一种荣光吗？祈盼园田归居，东篱采菊，是一种境界；但是，利用痛苦，分析挫败，不也是一种高尚吗？个人的行为能与所处的时代同步，个人的愿望能与所融的“大我”一致，这又是怎样的一种伟大啊！相信“一屋不扫何以扫天下”的同时，也得有“天下不扫一屋何净”的惊叹。我们要学会在自己的意志指挥下过活，而不是在他人规范的地方兜圈子，因为太多的顾虑，往往一年到头让自己处在一种不知该如何是好的局促中转；太多的实际，往往到老连乡愿之类的梦都不敢做，最终无法实践自己，更无能实践社会。

人生，应该有一个统筹，做一个肯定，作一次抉择。用自己的理智去认清事实，用自己的认定去决定方向，理解，不是暂时的狂热；奉献不是一时的冲动。时时看着脚下的土地，也要不断地仰望一下星空，才不会局促，不至畏琐。生命是一团纯净的焰，我们的生命之火靠心扉的太阳点燃。

“人不能光靠吃米活着。”这是一种理想；“不要嫌小，不要嫌低，要做大事不要做大官。”这也是一种理想。

“苦了我一个，幸福十亿人!”这是一种奉献；“给，永远比拿愉快!”这也是一种奉献。

当我们暮年时，回首走过的舞台，能明白自己扮演了什么样的角色，做了什么样的人，这才叫“过了把瘾”，这才叫有了个交代，这才叫不枉此一生呢!

（二）习作选评

崇高的理想——力量的源泉

天津南开中学初三　张　晏

理想，是人们生活指路的明灯，是人们用毕生力量攀登的高峰，是巨大的动力的源泉。

没有理想的人，就好像在没有星辰的黑夜中行走，他的生活中没有一个促使他为之奋斗的目标，他的一生将永远在碌碌无为，空虚无聊中度过。相反，一个具有远大抱负的人，他的胸中有一个明确的崇高的目标，为了实现这个目标，高尚的品质在他身上体现出来，无尽的力量从他身上迸发出来，理想的光芒在他身上闪烁。

我国无产阶级革命家夏明翰烈士出身豪门贵族，但他毅然投身于革命洪流。先后组织领导了多次革命运动，把毕生精力都奉献给了革命事业。在刑场上，面对敌人的枪口，他写下了这样大义凛然的诗句："砍头不要紧，只要主义真。杀了夏明翰，自有后来人"。他无畏的英姿，竟吓得行刑的刽子手双手发抖，不敢开枪。

他那气贯长虹的革命气节令人钦佩，但他的力量源泉是什么呢？他曾说过："我为共产主义奋斗终生，已不是三思而行，而是百思已定的了。"是的，他抱定了为共产主义奋斗终生的信念，怀着实现共产主义这一远大理想，正是这伟大的理想促使他去不息地奋斗，无畏地斗争，直到生命最后一刻。同时，这理想也照耀着处于危亡时刻的中华民族千千万万儿女的心，从他们中产生了多少夏明翰、方志敏这样的英雄人物，又产生了多少可歌可泣的悲壮事迹！

1898 年，巴西流行着一种可怕的"黄热病"。由于搞不清它的致病原因，人们也就提不出有效的治疗办法。黄热病迅速在全国蔓延，夺去了一户又一户人的生命。一位名叫拉齐尔的医生参加了一支科研小组，从遥远的异国来到疫区。在极为恶劣的环境中，他进行了艰苦细致的调查研究。他发现这种病原体可能是由蚊子携带并通过叮人传播开的。但大多数人不相信他。为了使真理闪光，为了使疫区人民脱离苦难，他当众让这种蚊子叮咬自己，结果也身染重病。根据他的发现，人们采取灭蚊措施，瘟疫被控制住了，成千上万的人得救了，他自己却献出了年轻的生命，用自己的辛勤汗水和一腔热血在科学史上写下了不可磨灭的光辉一页。

人们不禁要问：究竟是什么促使他做出这样伟大而英勇的举动呢？不是狂热，也不是冲动，而是他的理想。作为一个医生，他的最大理想就是尽最大力量拯救病人，让人们重新享受生活的欢乐。同其它东西相比，这理想是圣洁的，是至高无上的。这挽救他人的强烈感情充满着他的心房，驱使他平日里对每一个病人都尽心尽力，无私帮助。所以，在关键时刻，他能够为之不惜献出自己的一切，包括生命。

高尚的理想是力量的源泉，古今中外哪一个人的崇高举动不是建筑在至高理想的基础上的呢？

没有鸿鹄之志，陈胜怎能大泽乡一声怒吼，揭竿而起，燃起反抗暴政的烽烟？没有“为中华之崛起”的远大理想，毛泽东、周恩来等老一辈革命家怎能横戈马上，转战南北，肩负民族解放的大业？没有让共产主义在人类确立的理想，马克思又怎能四十年如一日地查阅资料，著成《资本论》，那水门汀的地面又怎会留下他深深的足迹？没有造福于全人类的志向，居里夫人又怎能在极艰苦的条件下以顽强的毅力从八吨沥青铀矿渣中提炼出0.1克纯氯化镭？……

举不胜举的例子说明：理想是人的灵魂，有了理想，人就有了奋斗、追求的目标；有了理想，人的智慧、力量就会为它放出夺目的光彩来；有了理想，人们便会抛开那狭小的自我，投入一种更宽广更宏伟的世界中去，他的品质和人格将在追求理想的过程中，为之奉献的过程中得到升华，达到更高的境界。

同学们，确立你们的远大理想，并为之奋斗吧！

〔评析〕　如果说陶铸同志的《崇高的理想》以一种高屋建瓴的观点，从宏观上阐明了什么样的理想才是崇高的，那么，这篇习作却是以其独特的眼光，从一个点去透视的：什么是力量的源泉。论证有理有据，行文结构有序。例举面较宽，分析不局限于表象，以排比的方式以势显意，充分证明：崇高的理想是力量的源泉。

有欲则刚

杭州学军中学高二　黄　蓓

林则徐有副对联："海纳百川有容乃大，壁立千仞无欲则刚。"被传为千古名联，不少人以此自勉。

林公此处所指的"欲"，自然是自私之欲，利己之欲。诚然，我们可举出许多例子来证明无私心杂念，即可做到刚直不阿。以林公自己来说，不畏强暴，虎门销烟，及至后来被充军流放，仍气凌霄汉，留下了"苟利国家生死以，岂因福祸避趋之"的豪言，实为"无欲则刚"的极好范例。乃至包公、海瑞，到彭德怀、梁漱溟，各个朝代，各个时期，"无欲则刚"的例子不胜枚举。

然而，仔细推敲一下，不禁对"无欲"二字心生疑窦，人非草木，孰能无情，孰能无欲。即便是"四大皆空"的佛门弟子，恐也难以根断尘世之念，更何况我们凡俗之人。一个人不可能打娘胎出来便刚正不阿，之所以有刚直的秉性，有很多外界因素的影响，仅以"无欲"一言以蔽之，不免失之于简单。

既然人皆有欲，至于如何对待这些欲望，便是仁智各异了。有些"欲"是正当的，比如希望得到作为劳动报酬的物质利益，并不断有所提高。社会主义生产的根本目的就是为了满足人民的需求。人民所痛恨的贪赃枉法，徇私舞弊，则是个人私欲的恶性膨胀，侵犯了国家人民的利益，是为法律所不容的"邪欲"。

在此，我们不妨来看另一种"欲"，这便是对理想的执著，对信念的追求。这是一种更高层次的"欲"。工作在教育战线上的老师们，他们难道不想有一个舒适的环境，轻松的工作？但为了祖国的未来，心中装着更高的"欲"，兢兢业业，克己奉公，成为"春蚕到死丝方尽，蜡炬成灰泪始干"的真实写照。浴血南疆的士兵，他们难道不愿妻小相聚，健康长寿？但那"亏了我一个，幸福十亿人"的崇高理想"呼唤"出无穷的精力和能量，这就是林公所指的"刚"。

可见，刚者，并非一定"无欲"。有些人清静度日，与世无争，看似"无欲"，却也只不过是一种逃避而已，并非真正的"刚"。至于那些饱食终日，无所用心的人，更谈不上什么"刚"了。只有那些为社会主义大业，在自己的岗位上百折不挠，鞠躬尽瘁，心中蕴育着高尚的

“欲”的人，才能成为真正刚直的人。

〔评析〕 匠心独具，是本文的论证构思上的显著特点。文章先引林则徐的一幅对联并加以分析阐释，且佐以实例，似肯定“无欲则刚”，“然而”一转，却是峰回路转，“突兀见此屋”之妙，尽在不言之中。运用求异思维，巧妙地演绎出“有欲则刚”，且对“欲”的阐释又上升到一个高度：对理想的执著，对信仰的追求。在一种反正中，确立自己的观点：看似无欲，实是一种逃避，蕴育高尚的“欲”，才是真正刚直的人。引证、例证、阐释，有机组合，使内容丰而不赘。

“做一天和尚撞一天钟”之我见

浙江舟山市定海岭港中学高二　王海伟

在日常生活中，人们常常用“做一天和尚撞一天钟”来批评那些在工作中得过且过的人。工作得过且过，极不负责，固然值得批评，可这一成语的意义实在冤枉了那些撞钟的和尚。其实，和尚撞钟正是他忠于职守的表现，不但不应指责，而且应当大力提倡。

做一天和尚撞一天钟，正如守卫边疆的战士在站岗放哨，科学家在实验室里研究一样，是在负其神圣的职责。假如我们每个人都像小和尚一样，尽心尽职，那我们周围还会出现因玩忽职守而耽误工作，造成损失的事吗？

把和尚撞钟看成是无所事事，无非是因为撞钟太平凡的缘故。但正是在这平凡工作中，却表现出一种不平凡的“精神”，那就是“认真”。认真是一切成功者的必备的品质和共同的特征。鲁迅、陈景润这些为国家建立巨大功勋的人，没有一个是不认真的。诺贝尔奖金获得者李政道在科学研究中那种认真负责，一丝不苟的精神也是有口皆碑的。撞钟的和尚虽然谈不上有什么成就，但他一年三百六十五日，不管刮风下雨，天天撞钟的不倦精神，也实在可以说是“认真”的模范了，不是比那些无所事事的人好多了吗？实际上世界上最难的就是“认真”，比如撞钟吧，偶尔敲打，实是儿戏。但要天天撞，月月撞，年年撞，撞一辈子，可就太不容易了。而这正是撞钟和尚的可贵之处。由此我想到那些整年在地里劳动的农民，守卫边疆的战士，以及所有从事平凡工作的人。他们大都能对自己所做的事尽心尽力，尽管他们所做的事是普通的，难道这不值得那些总想出人头地或正在干“大事”的人们敬服吗？

可是有些人却说这是胸无大志，对“撞钟”不屑一顾。他们所谓的大事，无非是想出人头地，或者想找个既拿钱又省力的“好工作”。对此，他们可以不择手段，但目的一旦达到，就只想吃喝玩乐。把这些人和小和尚相比，恐怕要差得远呢！

但愿能认真地“做一天和尚撞一天钟”式的人物越来越多！

〔评析〕 一种可贵的反正。和尚撞钟，向来被看做得过且过，极不负责，但作者能慧眼独具，一反常识，从其“忠于职守”、“认真”入手，立意新远。并且分析常识的误区在于“因为撞钟太平凡的缘故”。全文紧紧扣住“撞钟”这一现象去组织论证，使议论更集中。没有过多的旁证例证，只在细细的分析中，牢牢把握住自己的立意，从而使之阐述得更完善更充分。

评“老实人吃亏”

北大附中高三　陈文劲

“老实人吃亏”，乍听起来会觉得很不公平，令人气愤，但要仔细想一想呢？

首先，什么样的人才算得上老实人？如果老实人是指那些只知道吃嘴边的大饼的人，那么“老实人吃亏”那是活该！但如果老实人是指那些脚踏实地，任劳任怨的人，那么，吃亏与否还须理论一番。

其次，“亏”与“不亏”是两个相对的概念，且不说“失马得福”与“得马得灾”的偶然与必然，只说“亏”与“不亏”在不同的人眼里，就有着不同的标准。“聪明人”以缺斤短两为亏，从而斤斤计较；老实人以对不住良心、有损人格为亏，从而落落大方。所以，同一件事，亏与不亏，不同的人，自会得出不同的结论。这正像水可以装在葫芦里面，也可以装在葫芦外面一样，只不过是思维的角度不同罢了。所以说，每个人的行事都体现着各自的观点，各自衡量事物的标准，旁人大可不必代抱不平而“义愤填膺”。

第三，在当今这个充满竞争的社会里，有人吃亏也是必然的。然而，真正吃亏的是谁？是“老实人”，还是“聪明人”？我认为，亏还有真亏假亏之分。认为不赚便是亏，是假亏，认为没有同流合污，从而没有占到便宜，捞到油水的亏，是假亏；而那些机关算尽，投机取巧，赚取不义之财的赚，才是真亏。那些人自以为精明，搞些小手段，发点小财，表面上似乎是赚了，但这只是一时的赚，发展下去必然不会有好的结果，他们的大亏在后头。由此可见，这样的人并不算是真正的聪明人。

实上，真正聪明和真正老实的人从根本上看是不会亏的，因为他们都明确地知道自己应该做什么，不应该做什么；只有那些自以为聪明的人才是真正值得担心的。因为他们自作聪明，投机取巧，只知满足自己的私利，为一时的得失而喜怒，那才是真亏。

所以说，所谓聪明人，要做真正聪明的人，发展才能，不断进取；老实人，也要做真正的老实人，脚踏实地，稳步前进。所以说，这样的老实人是不会“吃亏”的！

〔评析〕 透彻的分析是本文论证的主要特色。文章提出问题后，首先对“老实人”进行定义，为第二层作铺张：亏与不亏的概念阐述，分析较实在、较辩证，喻证使之更为形象，更为明确。这还是表象分析。紧接着，展开实质性分析，即真亏和假亏，侧重在假亏的大曝光，从形形色色的假亏曝光中确立论述的中心：真正聪明和真正老实的人从根本上看是不会亏的。全文运用归纳论证，分析透辟充分，且有一定深度。

追求与舍弃

杭州学军中学初三　赵晓东

每个人都有追求，而追求始终伴随着舍弃。确实，当你把全部身心都奉献给自己执著的追求时，你必定会失去一些东西。有时候，这些东西看上去是那么的宝贵和美好，令人不忍舍弃。但是，如果你追求的是神圣的真理，那么，还会有什么东西不能舍弃呢？

名誉吗？哥白尼为了追求科学真理而被教会视作十恶不赦，他的地动学说更被诬蔑为“异端邪说”而加以禁止。在当时那个神权至上的宗教世界里，他的所作所为还有什么名誉可言？科学史上许多像哥白尼这样的科学家，如果顾惜名誉，不敢向那些为大多数人所接受的谬误挑战，我们今天怎么能生活在科学、民主的世界里呢？

金钱吗？我国著名科学家钱学森所追求的是为祖国的科学事业贡献自己的全部知识。新中国成立后，美国人想以重金将他留聘，但他舍弃了金钱，排除万难，踏上了归国旅程。如果没有千千万万个像钱博士那样的爱国学者，我们的祖国怎能像今天这么强盛呢？

地位吗？曾任空军某部副军长的蒋道平，离休后谢绝了许多单位让他任“顾问”、“董事”的聘请，舍弃了多少人梦寐以求的“肥缺”，而甘愿在同济大学做学生宿舍卫生管理工作，当起了“扫帚大叔”。如果不是因为他对人生价值的追求，他能作出这样的取舍抉择吗？

生命吗？为了使人民翻身得解放，为了新中国的建立，多少仁人志士抛头颅洒热血，舍弃了自己宝贵的生命。当今，热血青年尧茂书为了洗清中国的江河要由外国人首漂的耻辱，为了实现让中国人自己最先征服长江的理想，他孤身一人漂流长江，征服许多险恶，不幸遇难。如果没有这样为了追求祖国的强大而甘愿舍弃生命的中国人，中华民族又怎能屹立于世界民族之林呢？

家庭吗？老山战士在给父母亲的家书中说：“自古道：‘忠孝难以两全。’为了祖国母亲，儿子不得不离你们而去。”正是为了使祖国人民过上幸福生活，热血健儿舍弃了自己的家庭幸福，义无反顾，勇往直前，叱咤于枪林弹雨之中，写下了光辉壮烈的英雄篇章。

如果没有他们……

如果没有从古至今这些为了崇高的追求而甘愿舍弃一切的人，我们存在的这个世界，我们的祖国将会是什么样了，都是不可想象的。这些平凡的却又是伟大的人们，他们在追求中舍弃了功名利禄，将生命与家庭置之度外。他们推动着历史前进。看到他们的业绩，难道我们还能在追求中顾虑重重，不忍舍弃，甚至因此而放弃追求吗？

——要追求，就不要怕舍弃。

〔**评析**〕　开宗明义：“每个人都有追求，而追求始终伴随着舍弃。”接着对此进行阐释，并在此基础上以假设论证提出“有什么不能舍弃”这一现实问题。直截不啰嗦，有一种强烈的逻辑力量。有了好的开端，作者以下从五个具体的方面阐述其可舍弃的道理。例证充分层次井然，设问开端，反问结束，最后归结出“要追求，就不要怕舍弃。”问答自如，收束自然。

雷锋精神仍须提倡

华东师大一附中高二　刘道宏

跨入90年代，雷锋精神还要不要？回答是肯定的。要！而且要持久地提倡。

听长辈们说，当年学雷锋，人们互相关心，互相帮助，犹如一个温暖的大家庭，活雷锋比比皆是，社会风气日日见好。

如今呢？人们的物质生活水平日趋提高，而精神文明的建设却被忽视，有人曾形容，“50年代人帮人，80年代人坑人”，虽然言过其实，但也点出了问题的严重性。人与人之间的温暖已被冰冷代替，关心被利用代替，互助被欺骗代替。我们虽然还生活在同一社会中，却视同陌路。一个坏水箱白白流了三星期水而无人问津，甚至见儿童不慎落水也熟视无睹！思想的演变不免使人感叹：雷锋精神哪里去了？据报载，雷锋精神已经“出口”，美国青年人中也有人提倡学习雷锋，然而，我们，却把这社会主义建设的“传家宝”抛在一旁！

是什么原因导致这样的现实？这就是一段相声中所说到的社会上流行着“红眼病”！见钱眼红，于是心一横，就不顾道德和良心，挖空心思去扒分。结果，害病轻的是损人，害病重的去坑人，而雷锋，却无人问津了。有人形象地把社会上“一切向钱看”的风气称为“艾滋病”，那么，发扬雷锋精神即是一帖对症良药。我们惋惜个别文艺界名人不光彩的行为，但如果他们能少一些“只要钱”的私心，多一些为人民服务的精神，他们的艺术才有真正的价值；而那些为了父母遗产而闹出人命的家庭，如果多一些谦让，也不至于落得如此凄惨的结局。缺少一帖良药，发生了多少不该发生的故事啊！

因此，我们要大力宣传和发扬雷锋精神，在社会上树立乐于助人的好风尚，不要时刻只为自己着想，也不要一味宣传“少数人富起来”，更不能把自己的幸福建立在别人的痛苦上。我们这个时代，朱伯儒，杨怀远，张华等等英雄模范的先人后己、不为名利、舍己救人的献身精神，曾激起阵阵爱的暖流，温暖了多少人的心！如果仔细观察一下我们的周围，有同学默默地坚持为集体做好事，热情地帮助同学解决生活上、学习上的困难，这难道不是雷锋精神的体现吗？

但是，也有许多人还存在顾虑，学雷锋、做好事怕被人笑话是“傻子”，因此在关键时刻就裹足不前。雷锋说：“我要做一个有利于人民，有利于国家的人。如果说这是‘傻子’，那我是甘心愿意做这样的‘傻子’的。革命需要这样的‘傻子’，建设也需要这样的‘傻子’。”我们提倡雷锋精神，其实也就是提倡这种“傻子”精神。

现在，各界都在开展学雷锋的活动，活雷锋张子祥式的好干部李伯照，英雄少年赖宁等正成为人们学习的榜样，这是一个良好的开端。但如何保持下去，也决非易事。愿全国上下一齐行动起来，让雷锋精神发扬光大吧！

〔评析〕 全文扣住“仍须提倡”去做，显得非常切题且紧凑。文章首先纵比，然后横向比，揭示了雷锋精神被忽视的不应该。接下去分析产生这种看法的心态，并且旗帜鲜明地指出治好“爱资病”的良药就是发扬雷锋精神。然后从正面去确立观点，并佐以例证，以破某些人的“顾虑”。行文有跌宕，议论有起伏。

吸收和给予——绿树的启示

北京师院附中高二 李红梅

每每看到充满生机、调节气候、造福人类的绿树，同时也会想到绿树为了这一切，必须深深扎根于土壤中，不断吸收水分和养料。而一棵不大的白杨，一昼夜吸收的水分竟达五公斤之多，这不禁又令人想到凡能给予他人的万物，都是在吸收的前提下进行的。

吸收与给予之间，存在着辩证的相互依存、相互制约的关系。

一方面，吸收是给予的条件。只有吸收了，才能使给予成为可能。正像春蚕吐丝，只有当他吃进了桑叶，进行消化吸收，才能吐出对人类有用的蚕丝。再如计算机为人类作出了一定的贡献，但它也是在人们给它输入程序，具有运算能力之后才发挥作用的。吸收决定着给予，吸收的多少决定了给予的多少，离开了吸收谈给予是毫无意义的。若不是牛吃了草，经过消化，哪里有香喷喷的牛奶？同样，我们现在的现代化建设中，需要大批具有真才实学的技术人才，若他们没有像海绵吸水一样去吸取知识和力量，何以能建成大厦，何以能转动机器?！有句谚语说道："巧妇难为无米之炊。"有给予的动机，而无吸收的行动，那么动机也是虚无的。德国资产阶级唯心主义哲学家尼采就自诩过他是太阳，光热无穷，只是给予，不想取得。殊不知即使是太阳，使它发光发热的能量也是由核聚变过程中消耗一些质量而释放出大量的能提供的。鲁迅先生在《拿来主义》中也阐述了"没有拿来的，人不能自成为新人，没有拿来的，文艺不能自成为新文艺"的道理。可见，要想给予，必须先要吸收，否则在需要他的时候，他却爱莫能助。

另一方面，给予是吸收的目的，只有给予了，吸收了的东西才能真正发挥作用。作为一个人，从人生价值方面讲，"应当看他贡献什么，而不应当看他取得什么。"（爱因斯坦）个人贡献给社会的越多，他的人生价值就越大。而他贡献的越多，说明他吸收的也多。如果只是吸收，从不给予，那么他就是自私的，他吸收的东西也是毫无价值的。可见，吸收的价值是通过给予来实现的。毛主席曾称赞鲁迅先生"是一棵独立支持的大树"。鲁迅先生自己也曾说过，"我吃的是草，挤出来的是牛奶、血。"他是这么说的，也是这么做的。鲁迅先生以如投枪似匕首的杂文狠狠地刺向反动统治阶级，把自己的知识、才华，以至生命无私地贡献给中华民族的解放事业，受到中国人民的敬仰，同时也实现了自己光辉的人生价值。那么，我们目前的学习，就是为了将来能更好地给予。吸收的多少决定了给予的多少。我们正处在吸取知识、培养能力的阶段，要奋发努力才对。若离开了给予只谈吸收，是狭隘的利己主义思想的表现。

吸收和给予是密不可分的，任何偏废一方，强调另一方的做法都是不可取的。它们之间是辩证的对立统一的关系。为了将来更多地给予，我们今天一定要广泛地、深入地、不知疲倦地吸收。

〔评析〕　自然界里有许多发人深思的启迪，本文就是受启迪而成的——吸收与给予。一味给予是不客观且不现实的，首先得吸收，二者相辅相成。作者从两方面去进行哲理思考，引证给文章带来丰富与充实；哲理思辨给文章带来思考的深度。

“舍生取义”今日谈

天津南开中学高二　赵诗洋

“生，亦我所欲也，义，亦我所欲也，二者不可得兼，舍生而取义者也。……”孟子的这篇《鱼我所欲也》，流传千古，脍炙人口。我想：一方面由于孟子出众的文采与雄辩的才能；而更重要的，是因为他宣扬了一种“重义轻利，舍生取义”的思想。

“舍生取义”，固然含有它的封建色彩，可是我们加以提炼，会从中悟出一个道理：在人世上，还有比生命、金钱更宝贵的东西。我想，这种“东西”便是一种精神，一种信仰。而作为80年代的青年人，这种“东西”便是对共产主义的信仰，对祖国、对人民的热爱。

可是在有些人眼里，什么信仰，什么精神，都是“虚”的。好像马列主义不那么“时兴”了。于是“一切向钱看”，他们为了赚大钱，不择手段，从制造假药、买空卖空、假公济私、以权谋私到行贿受贿、出卖人格国格。“义”已被他们丢到九霄云外去了。

然而更有些人，则是为了他人，为了祖国而无私奉献着。老山前线的军人们在浴血奋战，有的为国捐躯了。他们说：“亏了我一个，幸福十亿人”；青年女工杜芸芸把她得到的十万元遗产全部捐给国家，她说：“只有国家富裕了，我们大家才能过上好日子。”他们的感情多么真挚！他们的言行闪烁着正义的光芒，他们是中国的脊梁！

“向钱看”与“向前看”。前者，成为金钱的奴隶；后者，坚持马克思的名言：“我要朝目标前进，不能使资产阶级把我变为赚钱的机器。”两种人，虽一字之差，却反映了截然不同的人生观。

贫穷不是社会主义。我们赞扬提倡“向前看”的精神，并不是不要人民群众的个人利益。应该肯定“人奋斗的一切，与他个人利益有关”。我们搞社会主义建设，不也以满足人们日益增长的物质文化生活需要为目的吗？但是在社会主义初级阶段，作为社会主义生产关系所表现的物质利益，不光包括劳动者个人利益，更重要最根本的是包括由国家代表的全体劳动人民的整体利益。在社会主义初级阶段，我们还要“向前看”，发奋工作，为努力创造物质财富和精神财富作出自己最大的贡献。这也就是“舍生取义”的现实含义！

“黄金的枷锁是最重的，我们不要打碎了‘四人帮’的铁枷锁，又套上商品化的金枷锁。”讲商品经济不等于一切“向钱看”，二者不可同日而语。朋友们，向前看，“极目楚天舒”！不要唯利是图，孟子说得好：“万钟则不辨礼义而受之，万钟于我何加焉！”只有树立坚定的共产主义信念，振兴中华，为祖国为人民努力奉献，才会使人生升华。两千多年前的孟子尚且懂得“舍生取义”，作为80年代的我们，在改革开放的今天，更应该具备这种精神！

〔**评析**〕　“取其精华，弃其糟粕。”文章就是在这种前提对“舍生取义”进行再思考的。“今日谈”，就显示了谈的现实意义。物质文明固然重要，然而精神文明的建设不可忽视。联系“今日”较严密，其针对性之强，其议论之中肯是不容置辩的。引证得当，分析有层次。

（三）命题试析

《青春与理想》

这是一个关系型的命题。青春是美丽的，有了理想的青春更美丽，更有活力。这是命题的立意之所在。宜用层进法，喻证法，进行分析论证。

《价值观和使命感》

人，必须树立正确的价值观；正确的价值观源于人的使命感。价值体现于把知识奉献于祖国，把才能奉献于事业，把生命和国家命运紧紧维系在一起上。抛弃使命感的“价值”是不存在的。宜用因果法，破立结合法。

（四）名篇欣赏

论梦想

林语堂

有人说，不满足是神圣的；我十分相信不满足是人性的。猴子是第一种阴沉的动物，因为在动物群中，我只看见黑猩猩有一个真正忧郁的脸孔。我常常觉得这种动物是哲学家，因为忧郁和沉思是很接近的。这种脸孔上有一种表情，使我知道它是在思想。牛似乎不思想，至少它们似乎不在推究哲理，因为它们看起来是那么满足；虽然象也许会怀着盛怒，可是它们不断摆动象鼻的动作似乎代替了思想，而把胸怀中的一切不满足抛开。只有猴子能够露出彻底讨厌生命的表情。猴子真伟大啊！

归根结底说来，哲学也许是由讨厌的感觉开始的。无论如何，人类的特征便是怀着一种追求理想的冀望，忧郁的，模糊的，沉思的冀望。人类住在一个现实的世界里，还有梦想另一个世界的能力和倾向。人类和猴子的差异也许是在猴子仅仅觉得讨厌无聊，而人类除讨厌无聊的感觉之外，还有想象力。我们大家都有一种脱离常轨的欲望，我们大家都希望变成另一种人物，我们大家都有梦想。兵卒梦想做伍长，伍长梦想做大尉，大尉梦想做少校或上校。一个有志气的上校是不把做上校当做一回事的。用较文雅的词语说起来，他仅仅称之为服务人群的一个机会而已。事实上，这种工作没有什么别的意义。老实说，琼·克劳福德不像世人那么注意琼·克劳福德，珍妮特·盖纳（Janet Gaynor）不像世人那么注意珍妮特·盖纳。世人对一切伟大说：“他们不是很伟大吗？”如果那些伟大真正是伟大的，他们总会回答道：“什么是伟大呢？”所以，这个世界很像一间照单点菜的餐馆，在那边，每个顾客以为邻桌的顾客所点的菜肴，比自己所点的更美味，更好吃。一位现代中国大学教授说过一句谐语：“老婆别人的好，文章自己的好。”因此，以这种意义说起来，世间没有一个人感到绝对的满足。大家都想做另一个人，只要这另一个人不是他自已。

这种人类的特性无疑地是由于我们有想象的力量和梦想的才能。一个人的想象力越大，便越不能感到满足。所以一个有想象力的孩子往往比较难于教养；他比较常常像猴子那样阴沉忧郁，而不像牛那样快乐满足。同时，离婚的事件在理想主义者和较有想象力的人们当中，一定比在无想象力的人们当中更多。理想的终身伴侣的幻象会产生一种不可抵抗的力量，这种力量在比较缺乏想象和理想的人们当中，是永远感觉不到的。在大体上说来，人类被这种思想的力量有时引入歧途，有时辅导上进；可是人类的进步是绝对不能缺乏这种想象力的。

我们知道人类有志向和抱负。有这种东西是值得称许的，因为志向和抱负通常都被称为高尚的东西。为什么不可以称之为高尚的东西呢？无论是个人或国家，我们都有梦想，而且多少都依照我们的梦想去行事。有些人比别人多做了一些梦，正如每个家庭里都有一个梦想较多的孩子，而且或许也有一个梦想较少的孩子。我得供认我暗中是比较喜欢那个有梦想的孩子的。他通常是个比较忧郁的孩子，可是那没有关系；他有时也会享受到更大的欢乐，兴奋和狂喜。因为我觉得我们的构造跟无线电收音机一样，不过我们所收到的不是空中的音乐，而是观念和思想。有些反应比较灵敏的收音机，能收到其他收音机所收不到的更美妙的短波，为什么呢？当然是因为那些更远更细的音乐较不容易收到，所以更可宝贵啦。

而且，我们幼年时代的那些梦想并不像我们所想象的那么没有真实性。这些梦想不知怎样总是和我们终生同在着。因此，如果我可以自选做世界任何作家的话，我是情愿做安徒生的，能够写《美人鱼》的故事，或做那美人鱼，想着那美人鱼的思想，渴望长大的时候到水面来，真是人类所能感觉到的最深沉最美妙的快乐。

所以，一个孩子无论是在屋顶小阁上，或在谷仓里，或躺在水边，总是在梦想，而这些梦想是真实的。爱迪生梦想过，史蒂文生梦想过，司各德梦想过。这三个人都在幼年时代梦想过。这种魔术的梦想织成了我们所看见的最优良最美丽的织物。可是较不伟大的小孩子也曾有过这些梦想的一部分。如果他们梦想中的幻象或内容各不相同，他们所感觉到的快乐是一样大的。每个小孩子都有一个含着思慕和切望的灵魂，怀抱着一个热望去睡觉，希望在清晨醒转来的时候，发见他的梦想变成事实。他不把这些梦想告诉人家，因为这些梦想是他自己的，所以它们是他的最内在的、正在生长的自我的一部分。有些小孩子的梦想比别人更为明晰，而且他们也有一种使梦想实现的力量；在另一方面，当我们年纪较大的时候，我们把那些较不明晰的梦想忘掉了；我们一生想把我们幼年时代那些梦想说出来，可是“有时我们还没有找到所要说的话的时候已经死了”。

国家也是这样。国家有其梦想，这种梦想的回忆经过了许多年代和世纪之后依然存在着。有些梦想是高尚的，还有一些梦想是丑恶的，卑鄙的。征服的梦想，和比其他各国更强大的一类梦想，始终是噩梦；这种国家往往比那些有着较和平梦想的国家忧虑更多。可是还有其他更好的梦想，梦想着一个较好的世界，梦想着和平，梦想着各国和睦相处，梦想着较少的残酷，较少的不公平，较少的贫穷和较少的痛苦。噩梦会破坏人类的好梦，这些好梦和噩梦之间发生着斗争和苦战。人们为他们的梦想而斗争，正如他们为他们尘世的财产而斗争一样。于是梦想由幻象的世界走进了现实的世界，而变成我们生命上一个真实的力量。梦想无论多么模糊，总会潜藏起来，使我们的心境永远得不到宁静，直到这些梦想变成现实的事情，像种子在地下萌芽，一定会伸出地面来寻找阳光。梦想是很真实的东西。

我们也有产生混乱的梦想和不与现实相符的梦想的危险。因为梦想也是逃避的方法；一个做梦者常常梦想要逃避这个世界，可是不知道要逃避到哪里去。知更鸟往往引动浪漫主义者的空想。我们人类有一种强烈的欲望，想和今日的我们不同，想离开现在的常轨，因此任何可以促成变迁的事物，对一般人往往有一种伟大的诱力。战争总是有吸引力的，因为它使一个城市里的事务员有机会可以穿起军服，扎起绑腿布，有机会可以免费旅行；同时，休战或和平对在战壕里度过三四年生活的人总是很需要的，因为它使一个兵士有机会可以回家，可以再穿起平民的衣服，可以再打上一条红色的领带。人类显然是需要这种兴奋的；如果世界要避免战争的话，各国政府最好实行一种征兵制度，每隔十年便募集 20 岁至 45 岁的人一次，送他们到欧洲大陆去旅行，去参观博览会之类的盛会。英国政府正在动用五十万万英镑去实现重整军备的计划，这笔款子尽够送每个英国国民到里维埃拉去旅行一次了。理由当然是：战争的费用是必需的，而旅行却是奢侈。我觉得不很同意：旅行是必需的，而战争却是奢侈。

此外还有其他的梦想。乌托邦的梦想和长生不死的梦想。长生不死的梦想是十分近人情的梦想——这种梦想是极为普遍的——虽则它是像其他梦想一样地模糊。同时，当人类真的可以长生不死的时候，他们却很少知道要做什么事情。长生不死的欲望终究和站在另一极端的自杀心理很是相似。两者都以为现在的世界还不够好。为什么现在的世界还不够好呢？我们对这问题本身所感觉到的惊异，应该会比对这问题的答案所感觉到的惊异更大，如果我们春天到乡间去游览一番的话。

关于乌托邦的梦想，情形也是如此。理想仅是一种相信另一世态的心境，不管那是什么一种世态，只要和人类现在的世态不同就得了。理想的自由主义者往往相信本国是最坏不过的国家，相信他所生活的社会是最坏不过的社会。他依然是那个照单点菜的餐馆里的家伙，相信邻桌的顾客所点的菜肴，比他自己所点的更好吃。《纽约时报》“论坛”的作者说，在这些自由主义者的心目中，只有俄国的第聂伯水闸（Dnieper Dam）是一个真正的水闸，民主国家间不曾建设过水闸。当然只有苏联才造过地底车道啦。在另一方面，法西斯的报纸告诉他们的民众说，人类只有在他们的国度里才找得到世界唯一合理的、正确的、可行的政体。乌托邦的自由主义者和法西斯的宣传的危险便在这里，为补救这种危机起见，他们必须有一种幽默感。

学习·勤奋篇

（一）立意指南

“一日不作一日不食”

据说，唐朝开元年间的百丈禅师曾制定了“百丈清规”，其中有“一日不作，一日不食”一规。意思是一天不耕作，就一天不吃。禅师这么定的，也真的这么去做的。这种说法这种做法虽然不免苛刻了点，但是，勤于作息，自励于勤，倒是一个好榜样。

“千里之行，始于足下”；“锲而不舍，金石可镂。”“行”的前提在于“足下”；“可镂”的前提在于“不舍”。可贵的正在这份“不舍”，可嘉的正在这些“足下”。

“笨鸟先飞”是一种勤；“滴水穿石”是一种勤；精益求精又是一种勤。没有开拓的勤，是狭隘的；没有创意的勤，是有限的；只有充实自己才智的勤，才是领会了勤的真内涵，也同时开创了更新更广的境界。

我们是任重而道远的一代，有许多的已知要靠我们去丰富；有许多的未知要靠我们去求证，不妨学学蜗牛：虽然果子还没有成熟，但是，一步一步地往上爬。世界之大，精彩纷呈，惟勤奋不辍者才能收获；知识海洋之大之深，无可比拟，惟不停采撷者才能收获。成功，应该是意志的效应，是勤奋的效应，是毅力的升华，是辛勤读书时付出无数牺牲的报酬。

还是想一想海浪噬咬礁石的情形吧。它给我们以力量的启迪，给我们以勤奋的暗示。每一次冲击，都是一次使命。如果简单地孤立地去看，那么，每一次勤劳可能是不足道的，甚至可能是徒劳的，但是，过程往往在于一次次的凝集而闪烁出其内在的整体的冲力与伟大。生命不等于是呼吸，生命是动。生活得最好的人，是最能感受生活的人。生命原本是黑暗的。除非激励；一切的激励都是盲目的，除非有了知识；一切的知识都是徒然的，除非有了勤奋……“你要我指点四周的风景/你首先要爬上屋顶。”歌德的这两句诗，说得多么真切啊。

（二）习作选评

学习本该这样

北京师院附中高三　赵　钦

高三的寒假真是与往年不同。

放假时，父亲读过我的成绩册后马上慷慨解囊。然而这并没有使我依然紧张的心得到任何安慰，这和上一回因为成绩没上六百分而受的责怪有什么区别？只是为了那个字——“分”！

高高兴兴地与老同学见面，本该亲密的交谈总被一种灰沉的语调代替：真没意思，不知道每天疲于奔命是为了什么，到头来成绩依旧，只盼着熬过这半年了。真的“熬”过这半年就无忧了吗？我疑惑了。难道我们学习的目的只是像有些人那样争夺一个分数、一个名次、一个大学吗？

其实，学习本不该是这样。

也许现在很多同学已经想不清楚或怠于去想学习究竟是为什么了。不然怎么会为眼前这点分数而心情起伏跌宕？尽管表面装出对它不屑一顾，而心却甘愿做它的奴隶。很多人情不自禁地问：“为什么学得这样沉重，这样没有乐趣？”

学习究竟为了什么？学习是为了获得知识、充实人生，是我们达到理想的必由之路。也许，凭我们一生的力量还不能完成怎样辉煌的事业，然而我们不该使自己能够做的那一部分精彩吗？要尽可能地发掘自己的潜力，尽可能地体现人生的价值——为人类奉献，我们就必须要学习知识。而此时，仅以分数论成败是否太狭隘了些？当爱迪生一次次地做出伟大的发明时，谁会去计较他因学习成绩差而被逐出校门的往事？学习的目的是为这世界做有益的事情，而并不是所谓的名次和分数啊！如果深刻地思考过这个问题，在求学的道路上，我们会走得更坦然、更坚定。

明确了学习的目的，自然会感觉到学习的乐趣。有句话叫做“学海无涯苦作舟。”这种苦恰如酽茶的味道，细品之下几多清香与悠长。尽管学者王国维在达到事业最高境界的三阶段中明确说出求学的孤独、清苦，但更有成就事业、实现理想的真正喜悦。安徒生童话中的小人鱼之所以要放弃三百年的生命，宁愿忍受无尽的寂寞痛苦而毫不抱怨，是因为她要追求一个不灭的灵魂。对于我们，这个不灭的灵魂不正是要造福于人类的心灵吗？为此，我们又何必过分着意于求学路上微不足道的碎石沟壑，又何必为追求那本是转瞬即逝的浮华和虚荣而付出悲喜的心情呢？

没有理想的追求，平坦路上的行者也会迷茫空虚；有了明确的目标，在阴雨迷雾的小径上也能感到行路的充实和乐趣。明白这个道理，我们怎会不欣赏“长风破浪会有时，直挂云帆济沧海”的豪情？又怎么会像燕雀一样目光短浅仅拘泥于眼前一点小得失呢？

学习本该是这样的。

〔**评析**〕　文题是带有诱惑性的。虽以肯定句出现，但总给读者一个疑问：什么是“这样”？那么就请读文章。然而文章却是先谈了“本不该是这样。”接下去，一个设问句，才峰回路转，落入正论。先是大前提的肯定，再是小前提的提出，结论是“学习本该是这样。”水到渠成，论证严谨，却不乏生动形象，给人以深味的余地。

滴水穿石

北大附中高三　田以欣

每当下雨时，我最爱在我家屋檐下看雨景，看那朦胧的树木，朦胧的人家，看成串的雨滴砸落在檐下的水泥地上，溅起点点水珠。日久天长，我忽然发现，那坚硬的水泥地上竟显出了一个个小小的凹坑。我不禁惊叹水滴的勇气。

小小的水滴与坚硬的石头是不可同日而语的，但那水滴却在石头上凿出了凹坑，靠的是什么？不是投机取巧，而是坚持不懈的勇气。这种勇气对于人也是同样重要的。

当我们为音乐大师们的精彩演奏欢呼的时候，也应该看到他们日以继夜练习的身影；当我们为伟大的科学发现而激动不已的时候，也应该看到曾有多少人为之耗尽了宝贵的光阴；当我们为运动员们的成功而热泪盈眶的时候，也应该看到他们平时洒落的成串汗水……

人们常说："天才始于勤奋。"更确切地说天才是始于不懈的努力。路都是人走出来的，我们不仅应该学习前人，更应该超过前人，走出自己的路，如果对"未知"怀着恐惧、迟疑不敢迈步，那只会在"老路"上兜着一个又一个圈子，在"未知"的土地上永远不会留下属于自己的脚印。

或许有人会慨叹水滴的命不久长——在大石上碰个粉身碎骨。不错，水滴是破碎了，但是它却凭着自己的力量，自己的勇气，在石头上留下了"永恒的痕迹"，我想它要比那些一生"不敢越雷池一步"的人的一生要辉煌得多。人的一生也同样是短暂的：出生——成长——死亡，但是有的人就像小水滴那样，凝聚一生的力量，向"大石"勇敢地碰撞，不怕"粉身碎骨"，只要能在那上面留下属于自己的"痕迹"就满足了。马克思用双脚在大不列颠图书馆的地上留下了"痕迹"，更用他的著作留下了片辉煌的"痕迹"。这样的一生才是不虚度的一生。相比之下，那种畏惧献身的人的一生只不过是秋风中孤雁的一声哀鸣罢了。

水滴在一次次撞击中完成它的一生，
人应该在一次次搏击中度过一生。
水滴怀着凿穿石头的勇气去撞击，
人用坚持不懈的毅力去搏击。
石头总有一天会被凿穿的，总有一天……

下雨了，我看到的不仅是雨景，还有一次次力量的凝聚，撞击，再凝聚，再撞击……石头总会被凿穿的。

〔评析〕 我想，把作者所说的道理比做一块石，那么，作者的细细的有力量的分析便是那水滴了。的确，读此文。便有这种感觉。作者没有更多的例证，而全赖他那勤奋的笔触，将"坚持不懈的勇气"呈给读者。从自然景象扩散到人生：水滴凭自己的力量在石头上留下了"永恒的痕迹"，人生凭勇气去搏击留下了"辉煌的'痕迹'"。散文化的笔触将议论感受化。

说聪明

华东师大二附中高三　阮海虹

聪明和勤奋，成就杰出的天才人物都是两者兼备的，但究竟哪一个因素起决定作用呢?

许多的大科学家极度推崇勤奋，或说“天才出自勤奋”，或说“勤奋几乎是一切成功的催产婆”，还有爱迪生所说“天才等于百分之九十九的汗水加百分之一的灵感”。于是人们在教育晚辈，勉励他人的时候，总是强调勤奋的作用以达到安慰鼓舞的目的。而在内心，多数人仍把聪明看得重于勤奋，这是不无道理的。

现代的苏联遗传学家提出的天才三段论已广为人们所接受：潜在的天才的产生是生物遗传学问题，通俗地说即聪明；天才的发展和确立是生物社会学问题，即后天所受的教育和训练；天才的实现是社会学问题，即特定的社会条件。成为一名天才必须具备这三方面的因素。聪明是先决条件，而勤奋只是生物社会学中的一部分。可见聪明是非常重要的，名人名言中也有片面的观点。

一些科学家把成功归结于勤奋，因为他们的确勤奋，而且由此获得成功。但是所有的天才科学家同时也是非常聪明的。经典力学理论的创立者牛顿成为剑桥三一学院的数学学士时并没有突出的作为，潜在的才能没有表现出来。他 22 岁时伦敦流行瘟疫，就回故乡避难十八个月。这期间他发现了二项式定理、正切方法、微积分等数学理论，思考了力学原理和引力问题，硕果累累。也正是这一年半的乡居孕育了经典物理完整体系的光辉思想。这些成就，除了社会环境带给他的机遇之外，就是聪明与勤奋的作用了。一个不具备超人才智的人，就是在乡下住上十八年也不可能有如此创造。

与牛顿同时代者之中并不乏勤奋者，却无人能够像他这样声名显赫。他的同事哈雷多才多艺，一生致力于天文、数学、航海、制图等各个领域，是富有创新精神的制图家、地磁学研究者、深海潜水罩的发明家，又是职业天文学家与数学家，还是大胆进行远洋科学考察的船长。他对科学事业投入了毕生的精力，甚至寿终时仍预言哈雷彗星的下一次来访时间。然而他成不了牛顿那样的天才，他只被人们称作“在永远接近无可匹敌的牛顿轨道上运行的人物”。

聪明，不是可以简单地认作反应快，判断准确无误，智力过人。聪明是一种综合的生理与心理特征，而且只有在一定的条件下才能体现出来，它所发挥的巨大作用是灵感、直觉、经验都不能代替的。

物理学革命的先锋与主将爱因斯坦在年少时是被视作不聪明的学生，而他的天才理论为世人接受后，全世界知道他的人没有不承认他聪明的。他逝世以后，有一批科学家悉心研究爱因斯坦的大脑结构，发现了与常人的相异之处。这表明聪明是由先天生物遗传得来的。

从这个意义上看，不聪明的人即使作出多大的努力也不能成为天才。但是聪明的人也不一定个个都能成为天才，因为后天所受的教育和训练的作用也是不可低估的，而人类历史上的“天才空白现象”又说明了社会条件的限制作用。

著名数学家苏步青教授曾作过有关成才的报告，谈起他当年解题破万道等的往事，强调了勤奋的作用，同时他用“黄狗不能爬树”的比喻对青年学者提出忠告，指出天才必须具备先天的条件。我们应该铭记苏教授的教诲，既不要为自己不聪明而悲观失望，也不要夸大勤奋的作用而好高骛远，枉费精力。天才毕竟是少数，不是每个人都能具备的，但是我们还可以使自己成为有用的人才。我们如果朝着这个方向去努力，聪明也就不那么重要了，而勤奋则可以显示出惊人的力量，成为成功的关键。

〔评析〕　说聪明，其实也说勤奋，二者相辅相成、相得益彰。作者较为辩证地阐述了聪明与勤奋。既有科学论断，又有事实作证，成全了对聪明与勤奋的一个“说法”。分析仔细、立论坚实、思路较为清晰：“既不要为自己不聪明而悲观失望，也不要夸大勤奋的作用而好高骛远。”正确的行为来自正确的认识。文章似乎就要告诉我们这些。

小议“三天打鱼，两天晒网”

杭州学军中学初三　李　刚

“三天打鱼，两天晒网”这个成语，人们总以为是贬义的，说它“比喻学习或工作缺乏恒心，时常中断，不能坚持不懈。”其实，“三天打鱼，两天晒网”在某种程度上是正确的。

“三天打鱼，两天晒网”是一种科学的学习方法。现代医学证明：当神经系统和运动系统疲劳的时候，应该进行充分的休息，以利于功能的恢复，从而提高效率。心理学的“艾氏遗忘曲线”也告诉我们，适当休息所造成的学习上的间隔，有利于增强记忆能力。如果一个人忙于学习从不注意休息，那他是不能出色地完成任务的；只有在紧张学习之余进行适当的休息，调节调节大脑，好比“晒网”一样，才能达到事半功倍的效果。

古今中外的许多卓有成就的人物往往十分注意休息。著名文学家老舍生前酷爱养花，他用欣赏花儿节制极度亢奋的大脑神经，以达到“晒网”的目的。唯其如此，他才有充沛的精力写出《骆驼祥子》、《四世同堂》等扛鼎之作。伟大的物理学家牛顿研究起来可谓废寝忘食。即使是他，也经常在饭后散散步，使疲惫不堪的大脑得以轻松，不至于“破网”。而又正是在休息中，牛顿由苹果落地现象发现了“万有引力”。

然而，我们的有些同学根本没有认识到“晒网”的必要性。他们一下课不是走出教室呼吸新鲜空气，借以舒缓大脑紧张状态，而是埋头赶作业，结果弄得上其他课时心神不定。特别是临考前，许多平日较能劳逸结合的同学也一改常态，“开夜车，战通宵”，把“晒网”之事扔到九霄云外。等上了考场要他“三天打鱼”之际，却因为“晒网”未成而使鱼儿“漏网”，造成终生遗憾。据说围棋“超一流”九段聂卫平每每大战前夕封棋不奕去打桥牌、赛网球，这是他“晒网”的一种特殊方法。正是由于他“晒网”有方，才能在“打鱼”中神聚思集连挫日方围棋巨星，威震中日棋坛。

列宁曾经说过：“不会休息的人就不会工作”；换言之，不会休息的人亦不会学习。“三天打鱼，两天晒网”的重要性由此可见一斑。在当今改革开放，全民族腾飞急需后继有人之机，尤应处理好学习和休息之间的关系。

“三天打鱼”尽可“两天晒网”，窃以为！

〔**评析**〕 化贬为褒，是本文的基本思路。在勤的同时，强调“晒网”。作者从科学的高度去建筑自己的观点，从原理论述到事实分析，列举各种不同“晒网”法，突出“晒网”的必要性，在对比中生警策，让人有切肤之感。文章行文敢于扩散，又精于收束，中心明确，议论集中。

要做就做

南京师大附中高二　李　馨

鲁迅先生曾说："要做就做，与其说明年喝酒，不如立刻喝水，待21世纪剖拨戮尸，不如马上就给他一个嘴巴。"这是行动的主张，快人快语，一切有志者都应该立即起来实行。这样说，并非主张把将来要做的事提到现在，而是说，下决心现在要做的，应该马上去做。即使将来的目标，也可以从现在开始创造条件，作准备。

俄国文学家车尔尼雪夫斯基的小说《怎么办》中，塑造了一位"特别的人"拉赫美托夫。他从16岁半开始，顽强磨炼自己的体力和意志。上大学时，他向人求教读书。经人指点后，翌晨八点钟，就上涅瓦大街买了他所需要的书，回家一口气读了三昼夜，总共八十二个钟头。第三天喝了八杯最浓的咖啡，到了第四夜，倒在地板上，一连睡了十五个钟头，隔了一个礼拜，又去找人要求指点一批新的书籍并加以解释。他关门苦读，只吃牛肉和黑面包。不久，终于成为一位有学问的人。

拉赫美托夫的读书方法近乎疯狂，并不可取。但是，他一旦下了决心，说做就做，发愤努力的精神则是可嘉的。决心之"决"字，有决破堤岸的意思，下了决心即如河水冲决而出，有一发不可收之势。付诸行动，抓紧去干，不迟疑、不犹豫，不拖泥带水。

俄国另一位著名作家冈察洛夫笔下有一位奥勃洛摩夫，与拉赫美托夫恰成鲜明对照。这位人物不能说没有宏图大志，问题在于躺在床上空想，仅此而已，不起来行动。你看，"突然产生一些思想，像大海里的波浪似的在他的头脑中起伏奔腾，随后发展成为一种企图，使他的血液沸腾，筋肉蠕动，血脉偾张，于是企图又变为志向；他受到精神力量的激动，一分钟内迅速改变了两三次姿势……"可是，"早晨闪逝了，白昼已经转向黄昏，奥勃洛摩夫疲劳的精力也随之转向平静……""他这样地目送日落有多少次了啊！就这样，他躺在床上，什么也没干。你能期待他干什么呢?"

拉赫美托夫与奥勃洛摩夫这两人都有决心，前者说干就干，后者停留在脑海间，终于一事无成，他的决心随着时间的消逝而消逝。

一个人改正自身弱点、缺点和错误，更需要尽快下决心。《孟子》中有这样一则寓言：一个人每天偷邻居的鸡，有人对他说："这不是君子应该干的。"偷鸡的人说："请允许我少偷一些，一个月偷一只，等到明年就完全不偷了。"孟子评论说，既然这人已知道了偷鸡"非君子之道"，就应该立即洗手不干，何待来年？这表明偷鸡者根本没有下决心。生活中，有的戒烟者总是对自己说："这是最后一支"，可就是戒不了。而有的人下了决心，说不抽就不抽，酒柜里放着好烟，也诱惑不了他。区别就在于决心。

世界上有多少事坏于拖拉、迟疑。古往今来，立志者芸芸，遂志者寥寥，有无决心是其中一大原因。

"千里之行，始于足下，"百年大计，始于今日，今日之事，要做就做！

〔**评析**〕 本文的立意得益于作者丰富的课外阅读。孟子到鲁迅，冈察洛夫与车尔尼雪夫斯基，不仅丰富了文章的内容，也充实了文章的中心。几则材料紧扣"决心"二字，有正有反、有破有立；有定点又有拓展，使论述的中心更具有社会意义和现实感。较为详尽的分析，使论证更具体。

谦虚与怀疑

华东师大一附中初三　陈　菁

谦虚与怀疑是富有的淘金者的左手和右手。

读过《羊脂球》的人都熟悉它的作者莫泊桑。他的老师左拉和福楼拜对这位青年最深最美好的印象就是谦虚。在《莫泊桑葬礼上的演说》一文中，左拉描述道："他往往一下午洗耳恭听我们的谈话，眼睛明亮而含笑，老半天才斗胆插上片言只语。谁也不曾料到，这个充满欢快朝气的年轻人后来竟一举推出了《羊脂球》——那个满含柔情、讥嘲和勇气的完美无缺的作品。他默默地听我们的谈话，然后他的作品源源而出，显出了炉火纯青的功力。"完全可以说，《羊脂球》的响誉文坛，是建立在谦虚好学的基础上的。

骄傲的人却终将成为井底之蛙。他逃不出自己设的牢笼——在他的思想中，世界只有那么大，所有的东西都只在他想象范围内。就这样，他将永远被囚在自己的骄傲情绪里，没有进取心，没有接受新事物的要求，甚至对别人的意见及建议恼怒不堪。也就是如此，他推走了一个个救出自己的机会。

作为一个富有的淘金者，不仅要用他的左手，也要用他的右手。

如果我们的地质学家李四光对苏联专家的“中国贫油论”唯唯诺诺，那么这将造成一个多大的悲剧！中国人也许将继续受别人的欺侮，继续被别人轻视，堂堂一个大国将继续面临石油资源贫乏的危机——巨人的脚步将倒退或停止不前。值得庆幸的是，李四光站在了怀疑这一伟大的立场上，终究用自己的学识针锋相对地与“贫油论”“干”了一仗。他的怀疑，最终引出了中国大地下早已沸腾不已的油源。

这种怀疑精神，价值正如所有的已发掘出的和潜藏着的石油的价值一样，难以估量。

而怀疑呢，也只有以谦虚为前提，那才算得上是具有十足份量，价值昂贵的东西。不然，见到别人的论点、学说和传闻，闭起眼不理睬，心里起疑，根本没有接受的意思——这类怀疑，同骄傲自满是站在同一条战线上的，最终导致的，仍是井底之蛙的悲剧。——试想，李四光若心中没有底，也正心虚不已时，光凭一股爱国热情坚持说“中国贫油”是错误论调，那是不会有人相信的，也没有石油会冒出来。这样的怀疑，又有何用？

淘金者用他的左手——谦虚，挖取来了带金的泥沙；用他的右手——怀疑，筛去了无用的泥沙，淘出了灿灿的纯金，甚至，把它打造成光芒四射、无与伦比的首饰、金器。

因此说，谦虚和怀疑精神情同手足。当人们很自然地一起使用它们的时候，将会寻觅到瑰丽的知识宝藏。

〔评析〕　有比较才有鉴别。本文的论题是“谦虚”与“怀疑”。作者通过比较：谦虚与骄傲的比较，谦虚为前提的怀疑和骄傲为内核的怀疑的比照，在一种充分的鉴别中完成命题的确立，收到了较实在的效果。尤其是后者的比较，更是有新颖别致之处；淘金者左右手的比喻，更是别开生面。

生活是最好的老师

北大附中理科班高三　翁弘元

老师是伟大的。一个优秀的老师，对他的学生所产生的影响，其深刻程度有时是毕生的。

我深深地景仰着那些伟大的教师们；但在这里，我想着重谈的，是另一位老师——也是每一个人最好的老师——生活。

韩愈说："师者，所以传道授业解惑也。"生活，难道不就是这样一位老师吗？

生活，能够最深刻地告诉你为人之道。

曹雪芹故居的墙壁上，题着好友鄂比赠给他的一副对联："远富近贫以礼相交天下少，疏亲慢友因财而散世间多。"是什么赋予雪芹"远富近贫"这样的品质呢？是现实生活。红学家们说，如果雪芹的生活是先富后富，或是先贫后贫，抑或是先贫后富。他都不可能写出《红楼梦》这部巨著来。恰恰是家道中衰，先富后贫的生活，使他看透了世态炎凉、人情冷暖；正是因为看透了世间"疏亲慢友因财而散"的种种丑态，才使他能够"远富近贫以礼相交"。没有生活，他又怎能挥舞他的如椽大笔，写尽人间沧桑，写出"满纸荒唐言，一把辛酸泪，都云作者痴，谁解其中味"的震烁古今的巨著《红楼梦》呢?！不独大道如此，小事亦然。美国作家戴尔·卡耐基的畅销书《人性的弱点》中提出的种种为人处世的方法，无不是从生活小事中凝炼而成。为人之道，尽在生活之中。

生活，能够最广博地教授你成就之业。

没有哪一个作家，可以完全不出书房而写出优秀的作品。几乎每一位作家，都在生活中得到启迪。英国作家狄更斯，他所接受的学校教育可谓少而又少。但他以不懈的努力，深入到码头、酒馆、监狱等下层人民的生活中去，同每一位工人、乞丐甚至临上绞架的死刑犯交谈，从中获取了许多深刻的思想和生动的素材，从而完成了《艰难时世》等大批名著。中国画家徐悲鸿，没有拘泥于唐宋以来传统的画马技法，而是深入生活，仔细观察马的种种形态，终于独创"骨瘦而神飞"的奔马形象，充分表现了"人不可有傲气，但不可无傲骨"的精神。生活，正是一切创造发展的源泉。

生活，还能够最直接地解答你的处世之惑。

中国共产党诞生之初，虽然重视开展工农群众运动，但却忽视了人民武装力量的建设。在反动派突然挥起屠刀之际，没有能力进行有效的抵抗。从血淋淋的现实生活当中，共产党认清了武装斗争的必要性。南昌起义的枪声，揭开了二十二年革命战争的序幕。鲁迅从一个进化论者发展成革命斗士，同样是因为在生活中看清了形势，找到了根源所在。可见，生活，在你迷惑的时候，总是最彻底地帮助你找到答案。

韩愈关于老师作用的论点，现在已经未必是全面而正确的了。但无论如何，从生活对我们的教育来看，我们仍然可以肯定地说："生活是最好的老师。"

〔评析〕　演绎论证是本文的成功之处。作者由韩愈的一句话，作具体的展开：告诉为人之道；教授成就之业；解答处世之感，从而充分论证了"生活是最好的老师。"从曹雪芹到狄更斯再到党的斗争、鲁迅的进步，以无可辩驳的事实为自己的观点撑腰。言而有据，言而成理，结尾照应开头，使全文更臻完美。

（三）命题试析

《勤奋是点燃智慧的火把》

文题即中心论点。智慧是一种潜能，勤奋能使这种潜能得到释放。宜用喻证法、对比法，突出勤奋的重要性，说清点燃智慧为什么要勤奋作“火把”。

《非学无以广才》

这是以双重否定表达的中心论点，突出了学习对广才的重要性。生活复杂、知识丰富，不学习是不行的。宜从正面分析，反面阐述，强调学习是终生的。

（四）名篇欣赏

无知的乐趣

〔爱尔兰〕罗伯特·林德

同一个普通城里人在乡下散步，而不对他的无知的领域像海洋那样宽阔感到惊讶是不可能的。成千上万的男女活着然后死去，一辈子也不知道山毛榉和榆树之间有什么区别，不知道乌鸫和画眉的啼鸣有什么不同。我们整整一生都有鸟生活在我们的周围，然而我们的观察力是如此微弱，以致我们中间许多人弄不清楚苍头燕雀是否会唱歌，说不出布谷鸟是什么颜色。我们像孩子似地争论布谷鸟是否飞的时候总是唱歌还是仅仅有时候在树枝上唱歌，争论查普曼（英国作家和翻译家）的下面两行诗是根据他的想象呢，还是根据他对大自然的认识写的：

当布谷鸟在翠绿的橡树怀中歌唱，

初次使人们在明媚春天心花怒放。

然而，这种无知并不完全是可悲的。从这种无知我们可以得到有所发现的乐趣。这种乐趣是经常的，只要我们足够无知。

博物学家的幸福在某种程度上也依靠他的无知，无知给他留下这类新天地让他去征服。他可能在书本上已经达到了知识的顶峰本身，但，在他用自己的眼睛证实每一个光辉的细节之前，他仍然感到是半无知的。他希望亲眼看见雌布谷鸟一种罕见的情景——在地上下蛋然后用嘴把蛋叼到窝里（在这窝里注定要发生杀害幼鸟的事件）去。他将一天又一天地坐在那里，望远镜紧贴着眼睛，为的是亲自确认或驳斥这样的说法，说布谷鸟确实是在地上而不是在窝里下蛋的。如果他是十分有幸竟然发现了这种最遮遮掩掩的鸟在下蛋，那么也仍然有其它领域在等待他去征服，有一大堆有争论的问题等待他去解答。无疑，科学家们迄今没有理由为他们错过的无知而哭泣。要是他们似乎什么都懂，那么这仅仅是因为你我几乎什么都不懂。在他们发掘出的每一个事实下面总是有一笔无知的财富在等待着他们。

我曾经有一次听到一位聪明的太太问，新月是否总是在相同的星期几出现。她补充说也许最好是不知道，因为，如果人们事先不知道什么时候、在天上的哪个地方能够看见新月，那么它的出现总会给人带来意外的愉快。然而，我想，即使对那些熟悉新月的活动时间表的人们，新月也总是出乎意料地来到的。我们并不会因为我们对一年四季的职司有足够的知识，知道要在三月或四月，而不是在十月里，去找报春花，而在发现一株早开的报春花时就不那么高兴。我们也知道苹果树是在结果子之前而不是在结果子之后开花的，但当五月份我们到一家果园去度假日时，这并不会减少我们对假日之美妙所感到的惊讶。

一位当代的英国小说家曾经有一次被外国人问到：在英国，最重要的庄稼是什么。他毫不犹豫地回答："黑麦。"像这样的完全的无知，在我看来似乎带有豪言壮语的味道；但是，即使是不识字的人的无知也是巨大的。使用电话机的普通人解释不了电话机是怎样工作的。他把电话、火车、铸造排字机、飞机视为理所当然的东西，正像我们的祖先把福音书中的奇迹视作理所当然的东西一样。对这些东西，他既不怀疑也不理解。我们每一个人好像只是调查了一个小圈子里面的事实并把这些事实变成了自己的。日常工作以外的知识被大多数人看做是华而不实的东西。然而我们还是经常对我们的无知作出反应，加以反对的。我们不时地唤起自己并思考。我们喜欢对什么事情都思考——思考死后的生活或思考那些像据说曾经使亚里士多德感到困惑的问题——"为什么从中午到子夜打喷嚏是好的，但从半夜到中午打喷嚏则是不吉利的"——人类感受过的最大欢乐之一是：迅速逃到无知中去追求知识。无知的巨大乐趣，归根结蒂，是提问题的乐趣。已经失去了这种乐趣的人或已经用这种乐趣去换取教条的乐趣（这就是回答问题的乐趣）的人，已经在开始僵化。人们羡慕像乔伊特（本杰明，1817—1893，英国古典学者。——译者）那样爱一问到底的人，他在60岁之后还坐下来学习生理学。我们中间的大多数人在到达他这个年龄以前很久就已经失去了无知感。我们甚至对我们像松鼠那样积攒的一点知识感到自负，并把不断增长的年龄本身看做是无所不知的源泉。我们忘记了苏格拉底之所以以智慧闻名于世并不是因为他无所不知而是因为他在70岁的时候认识到他还什么都不知道。

勇敢·进取篇

（一）立意指南

只想做个弄潮儿

斯特林堡在《女仆的儿子》中有这样一段描述：

> 我们处在一个探索的时代，这个时代有一个好处，就是什么也不相信，探索是主要的。现在就像打猎一样，披荆斩棘，四处寻找，对每一棵灌木都要查看一番；找的目标不对就扔在一边，再去寻找。找，找，找！

它形象地告诉我们：时代选择了我们，那么就要勇敢地面对一切，既要承受探索的苦痛与艰难，又要敢于舍弃，敢于进取，做一做弄潮儿。

人，迟早要踏进真实的生活，于是注定要靠自己的意志，用自己的力量去开拓自己的未来。这其中不乏挫折，然而，“地是大的。可是地在我的脚下。”有了这份果敢，有了这份自信，有了这份犊劲，有了这份豪魄，即使是一张白纸，也能描绘出一幅不错的水墨山水的。

我们没有太多的本钱去投资。我们唯一的便是年轻。如果让这点本钱也花在了无为的应付与周旋的侥幸上，岂不是离太阳越来越远了？

没有一次争取是一劳永逸地完成的，正如没有一次冒险是算定会成功一样，我们必须有一种心理准备——有始有终，不能让绝望与庸俗的忧愁占领我们本就拥挤的心房，而要保持那份坚持时的豁达与平静。既要有否定已知的勇敢，又要有尝试“下一个”的进取。一种心态的具备与完善，往往在最艰难的时候懂得磨砺，多一点率性适意，便少一些遗憾；多一些创新求实，便少一点悔恨。人生最难的是把握自己，最容易的也是把握自己。“与其坐而待毙，孰若起而振之”，正是把握自己的最好方法。

我们要确信：今日的败乃至辱，都是由于昨日的不努力。

我们要深信：今日的努力，必定有将来的收获与满溢。

我们更要坚信：天下没有白费的心血，成功固不在我，而功必不唐捐！

只会躲在大荫下的苗，永远成不了大荫；只会晓得教人“恣意怜”的人，永远不会“恣意”。我们正年轻，我们不是怪物，没有异想天开，只想做个弄潮儿：“我们自己来争取自己的意义和幸福吧！”

（二）习作选评

超越自我

北京景山学校高三　王　峥

人生进取的道路好比一座山，在通向顶峰的石阶上洒满了无数个自我，每当迈上一个石阶，便有一个自我被踩在了脚下。胸怀大志、锐意进取的登山勇士们就是这样一步步地超越自我，达到光辉顶点的。

在这众多的勇士中，一个精力充沛、自强不息的青年人令我钦佩，他就是我国年轻的发明家周林。

周林的发明创造生涯是从一台冻疮治疗机开始的。冻疮，这一到寒冷季节就会折磨许多人的疾病，早在公元前230年就有人研究它了，但治疗方法总是治表不治本。善于联想的周林却利用大学的理工科知识——“谐振作用”原理巧妙地解决了这一医疗上的难题。这样，1978年10月的一个早晨，第一台冻疮治疗机在年仅24岁的周林手上诞生了。由于一下子找不到病例，周林决心身体力行。他毅然在深夜最冷的时候将手脚浸在凉水里使自己生出冻疮来做试验。治疗机照射二十分钟后奇迹出现了，他的手脚已止痛，到第二次照射后嫩肉上长出了痂皮，几天过后便痊愈了。成功使周林迫不及待地在业余时间去治疗患者，仅这一个冬天，就有一百多人消除了冻疮。

正当此时，一些流言蜚语却随之而来。“一个不是大夫的人治疗病人，不务正业”，当周林建议所里领导推广这一成果时，领导却告诉他：“轻工所只能搞轻工，推广是商人的事，只要我在，你就死了这条心！”然而周林的心并没有死，他想到了一个可怕的数字，按生冻疮的人占全国人口3%计算，每年中国就有三千万以上的患者。如今这么多病人等着治疗，他怎么能安心呢？于是，周林选择了自我牺牲者的道路：抛掉“铁饭碗”离职出走。他来到了沈阳军区，在东北冰天雪地之中为战士们治疗冻疮，推广治疗机的使用；他来到了大兴安岭深山中，用借到的五千元钱请人拍摄在最冷环境下使用治疗机的电视片，用以宣传和推广这一发明。而他自己却无钱购置冬装，在零下二三十度时，只有一条毛衣裤和一件借来的军大衣御寒——为了事业，周林已顾不上自己了。

然而，在这危难之中，命运给了周林又一个打击：他因疲惫过度，患上肝炎，被迫住进医院。住院期间，身无分文的周林只能靠借钱交纳住院费。看到同事们的不理解，看到一些人的有意刁难，周林此时想到了死。这一点也不庸俗，巴金认为老舍的死是一种抗争，人民认为范熊熊的死是一种醒世，那么，他若死去不也是一声警钟吗？但是，周林并没有就这样草率地选择，因为有一种危机感一直在刺痛他，那就是当今中国创造力的日益衰退；因为有一种责任感一直在督促他，那就是行动起来，改变危机。“既然我能创造出一台举世无双的治疗仪，那么，我为什么不能再刨造出一个自我呢?”周林带着重病，带着这奋力一搏的决心，背着三台共重七十公斤的样机和资料，借钱奔赴北京去参加世界青年科技成果展览大会的选拔。此时的周林完全抛掉了病床上的那个悲观消极的自我，他坚信新的自我能够去迎接任何新的挑战。

功夫不负有心人。他终于获得了此次大会的大奖。此后，周林又发明出各种功能治疗机，一连夺得了八块国际奖牌。在巨大的成功面前，周林感到的仍是一种危机感和紧迫感。他觉得中国目前最缺少的是对科技知识的追求和对科技成果的普及，这就是他不断为之奋斗的事。

“任何创造都是基于革命这一前提的，也就是否定过去。”正如他所说的，周林在不断地否定过去的基础上，攀着那永无止境的石阶，超越着一个又一个自我。

〔评析〕　这是一篇夹叙夹议的文章，以“超越自我”为经，以人物事迹为纬，较生动地展示了“超越自我”的核心：只要心不死，只要那种危机感、使命感在，那么，人是可以超越自我的。叙而有致、议而有核、较为恰当地处理好了叙议的关系。

谈谈“下一个”

北大附中奥校化学班　吴　頔

球王贝利一生中踢进了许多精彩的球，当有人问起他平生最喜欢哪一个球时，贝利回答道：“下一个。”

有人问著名导演谢晋最喜欢自己的哪一部作品时，谢晋说：“我最喜欢‘下一部’。”

百花奖最佳男配角获得者刘信义在回答观众问他最喜欢演过的哪一个角色时，说：“如果要说我最喜欢的，我想还应当是我的‘下一个’。”

又是一个“下一个”！

贝利、谢晋、刘信义这三位中外名人可谓功成名就了，难道在他们取得的众多成绩之中就没有一次令自己满意吗？非也。正因为他们没有沉醉于过去，而是放眼于“下一个”，他们才一次又一次地创造出好的作品。

“下一个”是未卜的，饱含着汗水、艰辛……为了“下一个”，人们要为之奋斗，继续思考、创造，不断地进取、开拓。一旦“下一个”产生，它便成为“上一个”，人们又将面临新的“下一个”，无穷无尽的“下一个”。对事业追求是永无止境的，人们为了“下一个”，不懈地探索，不断创出新的成绩。贝利等人在荣誉面前没有徘徊，又勇敢地去冲击“下一个”，这不正是蓬勃的进取之心的表现吗？

一个人取得的成绩只代表着过去，未来却靠“下一个”来描绘。也许正由于此，有些人畏缩了，“下一个”失败了怎么办？这些人留恋过去的成绩，害怕“下一个”的风险，他们坐吃老本，躺在成绩上面饱食终日。的确，这样他们可能不会遭受挫折失败了，可成功也从此与他们绝了缘。

进取之心是人类宝贵的品质，人们一代一代不断向前奋斗，认识自然界，创造出无比巨大的社会财富。对于每个人，眼前都存在着下一个，我们应该相信，下一个将超过上一个。名家们高瞻远瞩，永不知足地为自己提出“下一个”。正因如此，他们成为一代名流。如果我们拘泥于“上一个”，那么“下一个”就无从产生，何况我们的“上一个”是那样的渺小！

科学上尤其需要“下一个”，人类对自然的认识是无限的。当经典物理取得辉煌成就时，年轻而富于进取精神的爱因斯坦带来了“下一个”——相对论；当17世纪数学发展日趋成熟之际，笛卡尔将数学带入了数形结合的时代……自然科学上的许多发现，正是科学家们对过去的不满足，对“下一个”的探索带来的。

“下一个”，带给人们无限美好的憧憬，也包含着失败与痛苦。消极地躲避是可悲的，只有勇敢地进取，才可能体验到“下一个”的美好。每个人都应像贝利他们一样，把目光集中在“下一个”，用一颗进取之心去获得“下一个”的成功。

〔评析〕 “下一个”，是一种进取心；是一种果敢；是一种力在品贯。全文着眼于分析，从勇气和进取两个层面去分析，发掘了“下一个”的实质、内核，从而提出中心论点：只有勇敢地进取，才可能体验到“下一个”的美好。没有过多的例举，却论证充分。

说“冒险”

福州三中高三　毛　军

据传，18 世纪前人们对西红柿只欣赏其美而不敢吃它，怕它有毒。后来，一位法国画家冒着风险尝了一个感到美味可口，并未中毒，后经分析鉴定，发现它含有多种维生素，营养丰富，于是，西红柿开始名声大扬，广为传播。今天我们能够吃到西红柿，还得感谢那位甘冒生命危险，“亲口吃一吃”的画家呢。这位画家可以称得上“冒险家”，没有冒险，哪来发现？鲁迅就曾经指出过：“许多历史教训，都是用极大的牺牲换来的。譬如吃东西罢，某种是毒物不能吃，我们好像全习惯了，很平常了。不过，这确是以前不知多少人吃死以后才知道的。”中国古代确有过许多这样的“冒险家”，神农氏曾尝百草，“一日而遇七十毒”，我国明代医药学家李时珍就曾攀越崇山峻岭，亲尝百草，即使中毒也毫不反悔。这种冒险精神是永远值得后人钦佩的。

不知从何时何日，我们民族这种冒险精神渐渐淡漠了，久而久之，我们喜欢过四平八稳的生活。有人会说，四平八稳的生活有何不好？这样的生活没有动乱，没有困扰。是的，但这并不意味着幸福，它墨守成规，习惯过去，不愿开拓，不愿创新，这样的生活又有什么意义呢？

过去好些人从报刊上得悉外国人登山峰、攀悬崖、横渡海峡，穿越沙漠等消息，常常摇头，嘲讽这些人头脑发昏、精神空虚、寻求刺激。殊不知他们如此乐此不疲，是为了发现人类力量的伟大和局限，为了锻炼自己的意志及能力，探险、开拓、寻求，去开“天下之先”。视这些行动为无聊之举，其实是我们民族惰性的一种偏见。

历史好容易翻到了现代这一页。终于有个尧茂书走出来了，他第一个去漂长江，但他失败了，他把生命献给了浩浩荡荡的江水，他是一个失败的英雄。在他之后，洛阳漂流队也走出来了，他们中有的人长眠在大江之畔，有的人历尽艰辛终于到达了吴淞口，征服了这条从未有人征服的长长的扬子江。这在中国属于第一次，难能可贵的第一次。对这样的壮举，居然有人困惑不解，甚至反对，认为这是作无价值的牺牲。也正因为有人反对，第一漂流才显得如此有意义，它是对民族习惯的反叛，是对民族惰性的挑战！

鲁迅说过：“世界上本没有路，走的人多了，便成了路。”要踏出新路来，我们需要无数个尧茂书，无数个“尝西红柿的人”，更需要这敢于挣脱习俗枷锁的“冒险”精神。改革呼唤着这“冒险”精神，时代呼唤着这“冒险”精神！

〔**评析**〕　吃西红柿应该是一件小事，但作者抓住第一个吃去立意，悟出大道理——冒险精神。针砭时弊，针砭某种根深蒂固的惰性心理，呼唤改革时代的冒险精神。大中取小，小中见大，引证、例证得当，“反三隅于字外”，见真情于句中。

且说“第三只小板凳”

杭州学军中学高一　冯歌斐

小爱因斯坦望着愠怒的老师，不慌不忙地举起另两只粗陋的小板凳，解释道：“这是我第一次做的；这是我第二次做的……刚才交的，是我第三次做的。虽然它还不能使人满意，但总比这两只强一些。”

这个熟悉的故事，我们已经念过不止一遍了。可是请再听听爱因斯坦末了这句话吧——如果轮到你我，面对着正用挑剔的眼光瞧着我们的作品、并且大摇其头的老师，再瞥一眼讲台上堆着的漂亮的“泥鸭”和可爱的“布娃娃”们，我们会怎样回答老师的责询呢？

——涨红了脸，把目光投到桌角，用低低的声音说：“这可是我做的第三只板凳了……我费了很大工夫，尽了最大努力……”或者干脆就垂下脑袋，把关于前两只更蹩脚的板凳的事儿咽下肚去，心里悲哀地想：“我的第三次作业在老师看来都是最糟的！唉，为什么我不能像伙伴们那样做出讨人喜欢的东西呢？”于是，我们就开始深深地抱怨自己拙劣的手工技能。

可小小的爱因斯坦那时是说：“虽然它还不能使人满意，但总比这两只强些！”

那意思就是：“我没有什么可以难为情的。你看，我干了三次，作出了努力；并且每一次都取得了进步，虽然进步是很微小的。”

这不能不算自信。

坦然、诚实，毫不自惭形秽，——把自己走的每一步路，每一个成功和失败都认真地放在世人面前，不加掩饰也不作夸大。清楚地看到自己的成绩和不足，热情鼓励自己继续前进。这种精神在一个有杰出成就和相当完美的人格的科学家年幼时就有了体现。而它正是我们非常需要的。

人人都需要这样的自信。——对“二加二等于四”大惑不解而遭到嘲讽的爱迪生；出身低微、家境贫寒的拿破仑；集聋、哑、盲于一身的海伦·凯勒；甚至是起步坎坷的“邦德”饰演者肖恩·康纳利……如果没有对自我能力的充分肯定，如果没有顽强执著的自励，他们的名字也许会永埋于历史的尘埃中。一个遭受生活格外严厉磨练的人，一个才气不容易显露的人，一个毫不机敏过人的人，一个性格懦弱而渴望成功的人……有谁能缺少这种珍贵的力量呢?

它在我们的奋斗生涯里洒布阳光，它为我们的崎岖道路砍斫荆棘。它把我们从失望、消沉和低卑中拉出来，它使我们胸襟开阔、朝气蓬勃。

伯顿有一句意义很隐晦的哲言：“地球上任何一点离太阳都同样的远。”那是说，人们所具有的条件实在没有多大差别。任何时刻任何人，都没有妄自菲薄的理由，没有自惭形秽的理由，没有不热情奋斗和勇往直前的理由。

〔评析〕　爱因斯坦做小板凳一事，一般立意无外乎：其一精神可嘉，其二妄费精力，其三能力培养（动口与动手）等等，但是本文作者却另辟蹊径，从“自信”入笔，谈如何面对自己的问题。自信是进取的前提，自信是人生应有态度。其新意就很突出了。例证与引证的巧妙组合，使分析充分且论之有据。

也谈“初生牛犊不畏虎”

四川攀枝花钢铁公司第一中学高二　孙宗阳

“初生牛犊不畏虎”这句俗语，人们在肯定的同时，难免有所指摘与微词：初生牛犊怎能不畏虎呢?

“初生牛犊”究其不畏虎的根源，无非有二：一是初生，没有遇到过险恶和凶残，心中不存畏惧；二是小牛，称为“犊”，其性格中的勇毅占了优势。因此，见了虎，心下思忖：这家伙一身褐皮，两颗大犬牙看似吓人，不过未必如我这新生的牛角……一句话，这就是一种勇气，一种性格上的不服输，姑且称作“犊劲”吧。

“犊劲”，人皆应有。一个缺乏“犊劲”的人，只能永做对着流逝的时光而长叹息的懦夫。试想，如果没有“犊劲”，荆轲决不会孤身去刺秦王，尧茂书也不可能独自去漂长江，奥斯特洛夫斯基也只会躺在床上度过余生。相反，正因为有股子“犊劲”，我们的社会才产生了如此多的改革家、企业家、新型农民、人民英雄，推动着时代的车轮向前。

“犊劲”也就是一种精神，明知山有虎，偏向虎山行。所以，人不可一日无“犊劲”，国也如此，整个人类社会更是如此。

可是，令人难以理解的是，一些家庭，一些社会角落，却深恶痛绝这种“犊劲”，只求平淡安稳一生，而绝不去冒丝毫风险。许多父母，爱子心切，却没有正确的教育方法，便总是力图为子女安排好一切，衣食住行，学习劳动，全部包办；而本来很有一股勇气和韧劲的“牛犊”们也日渐习惯，依赖这种照顾。可一旦独处，便发觉四周都是拦路虎，而且虎的大獠牙又特别吓人。这时，他才后悔小时那种偷偷爬上大榕树的勇气丢得太早了。初生的牛犊被虎彻底吓住了，只想跑，那可是徒劳，毕竟虎比牛犊跑得快。可以这么说，如果我们都不具备这种“犊劲”，只会匍匐于虎下，那么就永远没有光明、没有希望，国家就永远落后，人民就永远贫穷。

“犊劲”,或许有些鲁莽,但它敢于面对恶虎的勇气,正是面对人生战胜困难所不可缺少的。所以,还是有“犊劲”好。

〔评析〕　文题是论题，限定议论的范围。发端以问句开始，探本究源，确立本文的意向，即“一种勇气，一种性格上的不服输，”亦即“犊劲”。有了定向，便析薪剖理，由表及里地进行分析。而分析着眼于因果，为结语铺张——还是有犊劲好。论证有始有终、有理有据，全文较为严密。

（三）命题试析

《可贵的抗争》

这里强调的是一种治学态度。治学严谨是对的，但拘泥不等于严谨；严谨不等于放弃主见。“全信书不如无书。”可贵的是有主见，有据理力争的勇气和进取心，那么所学才有丰富，才有创新，才有发展。宜用对比法、引证法。

《人生能有几回搏》

由阐释“搏”入手，强调人生旅途上应抓住机会，抓住时机，奋力去拼搏。人生的价值，生命的意义在拼搏中闪光。人生处处是考场，不搏便要被生活所淘汰。宜用例证法、对比法。

（四）名篇欣赏

在生活面前

〔苏〕高尔基　陈学迅　译

在生活面前站着两人，两人都对生活不满，于是生活问他们："你们对我期待什么？"其中一位疲倦地说道：

"你本身的矛盾太残酷，这使我感到愤懑。我的理智无力理解你的真谛。在你面前，我的心灵里是一片莫名其妙的昏暗。我的意识告诉我，人是万物中最优秀的……"

"你想向我要什么？"生活冷冰冰地问道。

"要幸福！！……为了我的幸福你必须调解我心灵里两种相矛盾的原则：一是'我想要的'，一是'你应该给的'。"

"那你就期待你应该得到的东西吧！"生活严肃地说。

"我不想成为你的牺牲品！"他愤慨地扬声说道，"我想当生活的主宰，可我现在必须俯首弯腰服从生活的法则，而受到它的重压——这是为什么？"

"喂，你讲干脆点！"另外一个人说道。他站得离生活近些。可前者不理会后者的话，继续说道："我要生活的自由，我要生活得万事如意的自由；我不愿因为义务而当他人的附属品——不管是同伴或者奴仆；我要想当什么就当什么——即使是当同伴或者奴仆，也要随我的心愿。我不愿做社会的一砖一瓦，因为社会为修建自己福利的牢笼，而把我想放哪里就随意放哪里。我是人，是生活的灵魂和理智，我应该是自由的！"

"请停一下！"生活说，"你讲多了，我知道你往下还要说些什么。你想当自由的人！那好吧，你就当自由人吧！你来同我斗，你斗过了我，你就能当我的主人，我就是你的奴仆。你知道，我生性冷酷，缺乏热情，但对胜利者是恭顺的。可是需要斗过我才行！你能为自身的自由同我斗争吗？你行吗？你有足够的力量战胜我吗？你相信自己的力量吗？"

可这个人沮丧地说：

“你逼使我同你斗争，你像磨石一样，仿佛要把我的理智磨成一把利刃，可这把利刃却深深地刺进和伤害了我的心灵。”

“您跟生活说话要严肃点，不要牢骚满腹。”第二个人说。

可前者毫不理会，还继续说：

“我受不了你的重压，我要休息。啊，让我尝尝幸福吧！”

生活冷冰冰地笑了一下，问道：

“你说吧，你是向我要求还是祈求？”

“祈求。”那人的回答像回音那么细柔。

“你祈求的样子简直像个没出息的乞丐，但是，我的可怜虫，我必须对你讲清——生活是不行施舍的。你知道什么呢？一个自由的人，他不会向我祈求，他会自己来向我索取我的赠品……而你，只不过是你自己欲望的奴仆。只有那些奋力抛弃繁多欲望，而投身于实现一个愿望的人，才是自由的人。明白了吗？去吧！”

他明白了，于是像狗一样地躺倒在冷酷的生活脚下，企求悄悄地享受点从生活的餐桌上扔弃的残饭剩菜。

这时，严峻的生活把她那双冷漠的目光转向另外一个人——那人脸形粗犷，但却善良。

“你祈求什么？”

“我不是祈求，我是要求。”

“要求什么？”

“公理在哪儿？你把公理给我。其它的一切我以后再要。现在我需要公理。我长期而耐心地等待，我靠劳动生活，没有休息，没有光明。我一直在等待……相信公理总是有的！公理在哪儿呢？”

生活无动于衷地答道：“你去夺取吧！”

自强·自立篇

（一）立意指南

从羽翼下走出来

当闰土小心地喊了一声“老爷”时，我深深地叹其心理上自立全无；当阿Q咧嘴抢出一句“儿子打老子”时，我愤愤地怒其行为上自强全无。可悲可怜的同时，我们呼吁从形形色色的羽翼下走出来：人必须有人格上的自主自强。

从羽翼下走出来，这意味着首先要自信。生活是一本大书，每一页每一个句读都要靠我们自己去写去读；生活是一曲交响乐，每一个乐章每一个乐符都要靠我们自己去谱去奏。真正里里外外认识你的唯有你自己，任何情形下，都不要把自己装在“我还很差”、“我很卑微”的套子，虽然很丑，但至少很温柔，有了这份确认，自然也就“我能”、“我行”了。

从羽翼下走出来，这意味着得学会享受痛苦，享受磨砺。得坚信：没有风暴，船帆始终不过是一块破布。贪一时安逸，而甘心为奴，恋暂时快意而甘心趋下，这不是当代青年应有的品质。自立自强是真正意义上的不屈不挠，耐得寂寞。人，除非被打死，是永远打不败的。人生，是“老人与海”的故事，要在崎岖的路上行得远，必须自强不息。

从羽翼下走出来，这意味着少一点依赖：对传统的依赖，对概念的依赖，对地位的依赖，对荫底的依赖，我们得深信：温室里没有参天大树，概念下没有发明家。自立自强是生活上的自理，是思维上的独创，是人格上的自胜。每个人都有属于自己的天空。我们固然不能脱离社会和他人而生活，但也不能一味如攀援的冰霄花，终生借高枝来证实自己的存在。我们每多一份闯劲，在自己生命的土壤里扎根，在人生大海上抛下自己的锚。

从羽翼下走出来，我们便会在未来的日子里少一点哀叹，少一点怨尤；从羽翼下走出来，我们便会在未来的生活中多一点豪气，多一点自慰。

（二）习作选评

自理·自立·自强

北京景山学校九年级　刘云峰

在大学新生报到的那一天，好心的家长为子女安排食宿，子女却袖手旁观、心安理得的现象，是近年来在大学中普遍存在的。产生这些现象的原因，一是家长过分的溺爱与社会上残存的一些封建意识的侵蚀，使某些大学生认为自己高人一等，理应受人侍候；另一方面是许多大学生缺乏自理、自立的能力与自强的精神。

其实，被誉为"天之骄子"的大学生只是拥有优于普通人的学习条件，却绝没有高于普通人的生活特权。大学生更应培养自身的自理、自立能力与自强不息的精神。

在当今社会里处处充满竞争。上好学校要竞争，找好工作要竞争，想在工作中出成绩还是要竞争。试想，如果一名大学生缺乏自理能力，铺床叠被要靠家长；缺乏自立能力，买日用品要靠家长；缺乏自强意识，不能发挥自己的能力，又不尊重他人的劳动，那么这些养尊处优的大学生一旦走入社会，则如何同他人竞争？适者生存，这是一个浅显的道理，没有任何人可以一生不受挫折。假如一个大学生虽然才华横溢，却没有独立生活能力，那么当他遭遇挫折、经历苦难时，后果可想而知。在生活中不也曾听说过某大学生因不能适应复杂的社会环境而自杀的事吗？一个人如果缺乏自理自立能力，他迟早要被充满竞争的社会所淘汰。

另一方面，大学生可以通过锻炼自理自立能力与自强精神，来培养自己的独创精神和面对困境毫不畏惧，奋力拼搏的乐观态度。美国大学生的独立生活能力是很强的，他们想尽各种办法在假期中找工作干，赚钱供自己读书。在这过程中，他们不仅要不断地完善自我来适应工作需要，还要在工作中创新和突破，发挥自己的才干来求得工作的机会和较高的薪水。在独立生活、寻求工作的时候，美国的大学生们同样会碰到种种难题与困难，这就需要他们努力向上、毫不懈怠，运用自身的力量来摆脱困境。一个人如果具有独创精神与在逆境中奋斗的勇气，那么从某种意义上说在竞争中他的事业就成功了一半。

世界上不会有永远的固定的社会环境，一切都在随时随地地变更。因此，中国的天之骄子们，切勿忘记培养自己的自理自立能力与自强不息的精神，应使自己更适应社会生活的发展，在竞争中取得胜利。

〔评析〕　中学生谈生活，中学生写生活，往往缺少一种他们本身所已具有感受力而去学习成人化的说教。但细读此文，便觉得他们还是他们自己：敏锐，有分析。作者始终扣住一种现象进行分析，从两方面对自理、自立、自强三“自”能力进行深入透彻的分析。从人的生存与环境这一实在的关系去分析，使人易接受。

唾弃自卑

华东师大一附中高三　包蔚瑾

谦与卑，往往被人们联系在一起用，其实，二者是有根本区别的。自谦，使人在成功面前保持清醒的头脑，因而是中华民族的传统美德之一；自卑，却将人应有的锐气消磨得一干二净，它是懦夫自我毁灭的温床。

有的人，看见别人才能显赫，就自愧“弗如”，以致窝囊地认定自己没有大出息。试想，这种自卑心理一旦充塞了心灵，人还能有什么追求和奋斗的勇气？又怎么能开掘与发挥自己潜在的能量呢？在当今这个激烈竞争的社会中，自卑者不但缺乏竞争意识，而且会一再失去竞争机会，因而必然与成功无缘。相反，假若以自信代之以自卑，就会将别人的成功作为动力，驱使自己千方百计地发挥聪明才智，在挫折失意中奋起——这又是多么令人振奋的一幕啊！

有个女大学生，毕业分配时遇到了“要男不要女”的麻烦。然而，她自信而勇敢地去那个令人向往的单位自荐，以自己良好的学业成绩，和她那机敏，流畅的答辩、不卑不亢的气质，终于感动了“上帝”，被这个单位接受了。又如，台湾女作家三毛，因为无法忍受数学不好和身体瘦小虚弱而被先生同学冷落的现实，独自远涉重洋，探索人生。她在《送你一匹马》中说：“我们不应当轻视自己，更不能将这份卫护自由的使命交在他人手里而忘了自己也是一份力量。”浪迹天涯的三毛，终于握着她那支灵秀的笔成功地将人世间的爱与恨、聚与散与她自己的思索揉合在一起奉献给读者。

近百年来，“自卑”，这种“东方式”的“谦虚”，使中国失去了多少参与国际竞争的机会啊！远的且不论，就说近年来开放过程中，满街跑日本车，到处都是“中外合资”企业，甚至连小小的贺年卡，都大量“舶来”。乍看，似乎经济搞活了，市场繁荣了，全民一派欢欣；然而，更深地思考这种现象背后隐匿的“?”，不就是多多少少有那么一种“自愧弗如”吗？这就是我们熟悉的自卑呀！自卑之下，连中国拿手的工艺品都不敢拿到国际市场标个好价，只能沦为街头的廉价玩意儿。究其原因，原来是经手的官员怕比不过人家的“高科技产品”。

当然，随着国家的强盛，科学的发展，现代中国人正逐步摆脱祖辈留给我们的“遗产”——自卑感。君不见，我们已敢于把时装拿到巴黎亮相；敢于向西方医学权威提出异议……这正显示了中国人不可低估的实力。无数事实证明，那种“小家子气”十足的自卑者难成大器，而那种把可悲的自卑美其名曰“谦虚”的人，更令人唾弃！

总之，人应该保持人格尊严，懂得“自卑像受了潮的火柴，难把希望之火点燃”的生活哲理，谦而不卑，永远自信地向命运和社会挑战！

〔评析〕　文章从一种误区落笔，先是澄清概念，在认定之中“破”，在破中寻求论证的立足点：“自卑心理一旦充塞了心灵，人还能有什么追求和奋斗的勇气?”然而，由特殊到一般，由正面到反面，事实论证和分析论证相结合，把现状和历史结合起来，从而使立论更具有普遍意义：“人应该保持人格尊严，谦而不卑，永远自信地向命运和社会挑战!”

有感于美国少年卖报、擦汽车……

华东师大一附中初三　王　佳

“卖报”、“擦汽车”这几个平常的字眼在大多数人的心目中都不具备什么吸引力。许多人总以为这是低档而且没出息的工作，甚至看不起它们。而美国不少少年却与这种见解截然相反，他们热情地投入到这些工作中去，并能出色地去完成它。为什么会有这种现象产生呢？这使我想到了许多……

首先是关于独立生活的观念问题。试想，美国许多少年之所以这样做——他们除了去学校读书外，挤出课余时间去“打工”，这是主观意识在支配着他们。他们把自立视为一种光荣，把依赖父母和家庭看成一种耻辱。卖报、擦汽车虽然得到的报酬不多，却已成为美国许多少年向社会展现自主自立能力的途径。那么，同样是十多岁的少年，在这方面，我们为什么有许多人不如美国的少年呢？

当美国许多少年在风雨中辛勤打工的时候，我们某些少年正被家长拉着手穿过马路；当美国许多少年活跃在各种社交场合的时候，我们的一些同龄人正捧着厚厚的书本；当美国许多少年敢于干脏活、累活的时候，我们有些人却连手帕也不洗一块。这样，美国少年在众多的劳动实践中锻炼了独立生话的本领，而我们某些家庭的“小皇帝”却不知不觉地仍在依赖着父母。

就像嫩弱的小鸡老爱躲在母鸡的翅膀下“叽叽”叫。也许它们从未领略过外面世界的风光，所以他们只知道妈妈的翅膀暖和得很。

其次，我又联想到能力的问题。小鸡之所以脱离不了母鸡的庇护，是因为他们缺乏独立生活的能力。同样，我们某些少年之所以不如美国少年，是因为他们没有重视培养能力。

能力是有其多面性的。假如你要去卖报，那么你必须去联系卖报业务，然后把报纸既快又好地送到人们手中。这样就渐渐地培养了自己的语言能力，交际能力和临时应变能力。假如你一味死读书，而不去接触社会，那么这种能力便泯灭于无形之间了。

诚然，环境因素也是至关重要的。美国少年的所做所为已得到社会的承认，而我们社会的某些方面还不够开放，少年人每做一件事往往会受到各方面的制约和束缚。怎样踢掉这块绊脚石，是值得人们思考的。

当今时代，是改革开放的时代，如何摆脱我们许多少年身上所存在的惰性和依赖性，已经成为当务之急。是否大家也应该像美国许多少年一样去卖报、擦汽车呢？我相信，我们一定能根据实际情况，走出一条属于自已的路，一条全新的路。

〔评析〕 自理自立是中学生思考得较多的话题。由于长期以来对此看法莫衷一是，所以这种思考也就更“白热化”。小作者正是基于这种思考，把两个不同国度里的少年对这一问题思考的定向进行对比分析，以使这种“白热化”更明朗化。作者的思考是较理性化的，较平静的，议论的触角是有所深入的：“如何摆脱我们许多少年身上所存在的惰性和依赖性”，“走一条全新的路”。

我自豪，因为我是女孩

东北师大附中初三　李　秀

我一向喜女性这个称号，温柔多情简直是她的代名词。“男女有别”大概就表现在这里吧！

逍遥自在是我所渴求的。一杯淡淡的茶，一本清新的小品，足够让我喜悦一天。满眼的苍翠、蔚蓝，不用装饰就这般令人清爽。走一道无人的小径，想起了陈子昂的“前无古人，后无来者”，忆起了柳宗元的“千山鸟飞绝，万径人踪灭”……这一份联想的雀跃，是在那闹市所求之不得的。午后的阳光，总是这般的缱绻温熙，抱着满怀的暖，使那些烦人的琐事化为烟影。一边乐声盈耳，一边迎风起舞，任发丝随意飘忽，宛宛若仙。傍晚的夕阳，变化诡谲，排列成览不尽的图案，我不知道自己是在画内还是画外。晚风徐徐，夜幕低垂，每一颗星星都会构成一份联想，也会勾起几件往事、尘烟，几分憧憬，几分惆怅，……这片刻不就是永恒吗？

处于这样的环境中，我反笑起那些男孩子了。倘若能像我一样清净无垢，淡泊飘逸，岂不自得其乐，逍遥自在？

词人黄升在《鹧鸪天》中写道：“风流不在谈锋健，袖手无言味最长。”这句话道出了写文章的真谛。的确，疏云笔淡，淡墨文章自有一种诗魂神韵。谈到了淡墨文章，我最钦服的就是谢冰心的风采。她以女性作家特有的饱含感情的笔触，以对“花的生活，水的生活，云的生活”的描写，给作品抹上了一层浓郁的抒情色彩，深深的打动着读者的心灵。她的笔调轻倩灵巧，语言清隽流利，具有打动人心的艺术魅力。

“漫云女子不英雄。”在文坛上，许多女作家也具有着冰心式的风格，她们的文章或隽永，或质朴，或旖旎，读来如品佳茗，清香袅袅，沁人心脾，这是一些男作家所难以企及的。

闲暇时，读三毛的《背影》，如读一部具有典型东方女性气质的佳著，真情渗透，笔触细腻。虽然没有大起大落，跌宕起伏的故事情节，但娓娓道来，如述家常，感人甚深。我常想：母爱、童心、亲情几乎是女性作家专利的题材，这使女作家独树一帜，这一点只能使那些男作者们自愧不如吧？

在我国古代的巾帼秀才中，我尤喜不让须眉的易安居士——李清照。她给婉约派词坛带来了生气，对后世影响颇大。其实李清照又何止凄婉哀怨，她那忧国忧民的“生当作人杰，死亦为鬼雄”的浩然正气，岂是每个男子所能及！

的确，女性的优点也不只是温柔多情。几千年的封建思想的重压，没能使她屈服，她有男性难以企及的承受力和反抗力；她承担着人类社会逐步发展的重担，也同样取得了男性们所能取得的许多辉煌成绩。不是吗？居里夫人、宋庆龄、林巧稚……这些光辉的名字大家都很熟悉，她们，都是女性！

我曾疑惑过我这个逍遥的女孩是否具有女性的光辉，但我喜爱我是个女孩。谁说：“人生过处皆是悔？”回首前尘，至少还有一件丝毫不令我后悔的事——那就是十五年前我曾哭泣着作为一个女孩降临到这个世界上，给妈妈带来无尽的欢乐。

〔评析〕 散文化的笔触，表现了作者的一份独特的思考，一种发自内心的清音，一种“浑身是胆雄赳越”的豪气。以感受代替较理性的议论，以形象的引证代替较为刻板的例证，使整篇文章飘逸那份秀气、流露那份清新，焕发那种女儿自当强的浩然正气……

为“弱者”正名

江苏扬州市新华中学初二　陈　虹

据我所知，人们好像对女孩子不很喜欢，问起原因，大多数答曰：女孩子太小心眼，太爱哭，是一个弱者，……就连有的女孩子自己也常常发出“我要是一个男孩子那该有多好”的感叹。

我是一个女孩子，对这种看法当然不满意，对女孩子也自叹想做个男孩子更不满意。想想看，如果一个女孩子在性格、打扮、举止上同男孩子一模一样，那人们会怎样看待她呢？女孩子有那么多的优点为什么就没有人去发现呢？

每个女孩子都是天生的美学家。对于自己的房间，女孩子常常能装饰得特别具有自己的特色。对于自己的打扮，女孩子常常能打扮得具有独特的个性。几个女孩子凑在一起，俨然是个学术辩论会。对美的感受提出各种各样的见解。

每个女孩子都是天生的多愁善感的诗人。秋天的落叶和凋谢的花朵常常能引起女孩子们惆怅的思绪。每个女孩子都是天生的人道主义者。对蚕蛾的死亡，对小猫的病去，对一个不相干的人的不幸，总是充满着怜悯和同情。

每个女孩子都是天生的心理学家，天生的歌唱家和天生的舞蹈家……

不错，女孩子是有些小心眼，可是，难道世界上就没有小心眼的男子汉吗？女孩子是太爱哭，但是哭也是一种感情的宣泄呀！有什么不开心就尽管哭出来，闷在心里多难受，为什么一定要强迫自己呢？面上甜心里苦可不是一件好受的事情呀！

英国著名剧作家莎士比亚讲过：弱者，你的名字是女人。我却很不以为然，男孩子，女孩子是天生的。女孩子根本就不必自寻烦恼，认为自己是“弱者”，假想自己成为男孩子。女孩子的优点远远多于缺点，因而女孩子并不比男孩子差。

女孩子们，请摒弃“弱者”的自卑，为自己拥有“女孩子”这个名字而骄傲吧！

（三）命题试析

《走自己的路》

这是一个较为宽泛的论题。但也可以抓住一个基本的内核：走自己的路，需要有自立自强的决心和能力。生活的路是要靠自己去走的，事业要靠自己去开创的，别人的指点，他人的参考无法代替你的脚。宜用层进法，立意在自立自强上。

《生活告诉了我》

生活是严峻的，它告诉“我”什么？立意可侧重在自立自强上。面对纷繁复杂的生活，没有自立的信心，没有自强的勇气，是无法适应的，也无法开创新生活。以议为主，叙议结合。

（四）名篇欣赏

相信自己

〔美〕 爱默生

相信你自己的思想，相信你内心深处所确认的东西众人也会承认——这就是天才。尽管摩西、柏拉图、弥尔顿的语言平易无奇，但他们之成为伟人，其最杰出的贡献乃在于蔑视书本教条，摆脱传统习俗，说出他们自己的、而不是别人的思想。一个人应学会更多地发现和观察自己心灵深处那一闪即过的火花，而不只限于仰观诗人、圣者领空里的光芒。可惜的是，人总不留意自己的思想，不知不觉就把它抛弃了，仅仅因为那是属于他自己的。

在天才的著作里，我们认出了那些自己业已放弃的思想，它们显得疏异而庄严。于是，它们为我们拱手接纳——即便伟大的文学作品也没有比这更深刻的教训了。这些失而复得的思想警谕我们：在大众之声与我们相悖时，我们也应遵从自己确认的真理，乐于不作妥协。

随着学识渐增，人们必会悟出：嫉妒乃无知，模仿即自杀；无论身居祸福，均应自我主宰；蕴藏于人身上的潜力是无尽的，他能胜任什么事情，别人无法知晓，若不动手尝试，他对自己的这种能力就一直蒙昧不察。

相信自己吧！这呼唤震颤着每一颗心灵。

伟人们向来如此，他们孩童般地向同时代的精英倾吐心声，把自己的心智公之于众，自本自为，从而拔萃超类。

但人们却常被自己的意识关进了囚牢。一旦他的言行给自己带来声誉，他便受制于众人的好恶，从此难免要取悦于人。他再也不能把别人的感情置之度外了。

对外界的妥协态度，威胁了人们的自信力。往往，你对自己往昔的言行且敬且畏，只图与之相协调，因为除了自己往昔的行为以外，再无其他数据可供别人来计算你的轨迹了；而让人失望又非你所愿。

但为什么要回顾过去，为什么为了不与你在大庭广众下陈述过的观点相抵触，就拖着记忆的僵尸不放呢？假如那是你务须反驳的谬论，那又怎样呢？看来即使在纯记忆的行为里，你也不能只单单依赖记忆力，而应该把往事摆在千目共睹的现在来判断，从此以后不断自赎自新——这才是智慧之道。

愚蠢的妥协调和是小人的伎俩，它为渺小的政治家、哲学家和神学家所崇拜。我们今天应该确凿地说出今天的想法，明天则应确凿地说出明天的意见，即使它与今日之见截然相悖。——“哎呀，这么一来你肯定会被误解的！”——难道被误解是如此不足取吗？毕达哥拉斯就曾被误解，还有苏格拉底、路德、哥白尼、伽利略、牛顿，还有古今每一个有血有肉的智慧精灵，他们有谁未遭误解？欲成为伟人，就不可避免地要遭误解。

人往往懦弱而爱抱歉，他不敢直说：“我想”、“我是”，而是援引一些圣人智者的话语；面对一片草叶或一朵玫瑰，他也会抱愧负疚。他或为向往所耽，或为追忆所累；其实，美德与生命力之由来，了无规矩。殊不可知；你何必窥人轨辙，看人模样，听人命令——你的行为、你的思想、品格应全然新异。

生命·时间篇

（一）立意指南

今天，就是永恒

“于是——洗手的时候，日子从水盆里过去；吃饭的时候，日子从饭碗里过去；默默时，便从凝然的双眼前过去。我觉察他去的匆匆了，伸出手遮挽时，他又从遮挽着的手边过去。天黑时，我躺在床上，便伶伶俐俐地从我身上跨过，从我脚边飞去了。等我睁开眼和太阳再见。这算又溜走了一日。我掩着面叹息。但是新来的日子的影儿又开始在叹息里闪过了。”

朱自清先生以他特有的感悟为我们描述了一个古老的话题，一个全新的话题，一个永恒的话题——时间匆匆。

人的生活由时间组成，人的生命由时间构成。分分秒秒的积累，分分秒秒的珍重，促成了我们的事业。

人的生命实在太短，只是历史长河中的一瞬。就这一瞬，没有一种占有意识，没有一种主人意识。

将来的发展全赖今天的努力。徒思过去，空想未来，只能将今天耗误。善视现在，善用现在，就是对过去的负责，对将来的负责。

任何的真理要经过时间的验证；任何的生命要经过时间的认可。重要的是“不教一日闲过”。

人生若要丰富，人生若要发展，生命若要永恒，那么请争取时间，珍惜时间。

（二）习作选评

时光须靠自己争取

——与部分高三同学谈“时间”

华东师大一附中高三　姚　磊

时间，多少人为它稍纵即逝而叹息；多少人为它一去无踪而惆怅。它既是无所事事者随手可抛掷的废物，又是立志创业者最珍视的财产。

古往今来，无数名人、学者，都非常善于挽住这寸金难买的光阴，为人类作出了巨大的贡献。

居里夫妇退椅谢客，雨果杜门削发，爱迪生忘我工作，都是珍惜时间的典范，颇有异曲同工之妙。尽管他们在事业上已颇有建树，慕名造访者无数，但他们并不为虚名浮礼所动，谢绝了一切社交活动，挤出所有时间，专心致志地从事研究和写作。试想，如果居里夫妇成天忙于应酬客人，他们哪里还会有时间做数以千计次的实验，从而提取出镭和钋呢？如果雨果整日沉溺于宴请和聚会，他怎么会有精力撰写出一部部震撼人心的巨著呢？如果爱迪生热衷于玩乐消遣，他又怎么能在 79 岁生日时，自豪地宣布：“按常人的工作量计算，我已经 135 岁了”呢？可见，这累累硕果正是他们力争分秒而获得的。

现在，有些高三同学经常抱怨，没多少日子就面临高考了，会考更是转瞬即至，时间实在太紧了。诸如此类的话时有耳闻。殊不知，一年三百六十五天，一天二十四小时，对每个人都是公正无私的。关键在于能不能充分、合理地利用它。

而我们一些高三同学正缺乏珍惜时间的精神。有社交活动，忍不住要参加；有好的电影电视，又舍不得不看，总以为明天过后尚有明天，但时光的脚步却从不停留等待。于是乎，洗手的时候，时光从脸盆里掠过；吃饭的时候，时光从碗边擦过；闲聊的时候，时光从钟面嘀嗒地跑过；游戏的时候，时光跟着奔跑的脚步溜走……当这些同学懊悔自己一事无成时，时光早已映着狡黠的眼睛一去不复返了。这种对待时间的态度，怎能不叹息时间的短暂，怎能会取得满意的成绩呢？

会考、高考即将来临，时间确是要以分秒来计算的了。然而，“有志者事竟成”。只要我们有坚定的信念和顽强的毅力，像居里夫妇、雨果和爱迪生那样，抛开世俗和虚荣，杜绝一切杂念，从自己手里争夺每分每秒，集中精力发奋学习，就能在竞争中关键的一瞬间发挥出最高的水平，把命运掌握在自己手中。

充分利用时间就应该“见缝插针”，这不仅是立志创业者的金科玉律，也是我们高三同学应时刻铭记的。

所以，我们不应再叹息目前时间的紧张。因为叹息只会使更多的时间在抱怨声中滑过，却丝毫无助于我们的学习。我们应把牢骚和怠惰远远地抛到身后，尽力地把握眼前的时光，急起直追，才能使自己成为竞争中的佼佼者，为祖国的建设添砖加瓦。

时间，不能靠赐予，更不能靠等待，只能靠自己去争取。今天，为了祖国的未来，为了个人的成长，我们绝不能再让时光白白溜走！

〔评析〕 本文对象明确，真是到什么山唱什么歌。和高三同学谈“争取”。全文便是时时处处扣住“争取”去组织论证，先从具有说服力的数例争时间的例子谈起，为下文作铺张。名人尚且如此，而我们这些尚未有名的人该怎么办呢？“见缝插针”——解决问题的途径。语言恳切、说理诚实。

生命与时间

天津南开中学高三 陈 雪

与永恒的时间相比，人的一生是短暂的，在生与死之间徘徊，正像夏夜的每颗划破长空的流星，转眼间跨越了光明与黑暗的时空。一些跳动而活跃的生命，将在瞬息之间迸发出自己最绚丽璀璨的光华；而另一些黯淡而平乏的生命也就无声无息地消沉在无边的宇宙之中了。

这样说来，人生似乎太渺小了，不足以与时间的永生抗衡，我们只有在暗中低泣。只能在悲哀与忧伤中消磨时日了。其实不然。据我所知，在古今中外的诗人中，就有不少英才早逝。曾写下“海内存知己，天涯若比邻”潇洒诗句的王勃；曾“愿像远山的飞瀑，谁也见到我谁也捉不到我”的风流才女石评梅；曾“若为自由故，二者皆可抛”的裴多菲，曾伟大地预言：“如果冬天已经来临，春天还会遥远吗?”的雪莱，他们都像春花，在走完自己短短的二十几年历程之后匆匆而别了。生命，对他们太悭吝了，他们拥有的时间太短暂了，然而他们却在身后留下累累秋实。他们用生命呕心沥血谱写的诗篇历代传诵，经久不衰。它们没有因时间的扼杀而消逝，反而跨越了生命、时空而永存在人类文明的宫殿之中。所以我说，面对时间的严酷无情，你不要慌张迟疑，你要坚信：时间可以消磨了你如诗的年华，时间同样也可以使你生命的精髓永恒。

时间是公正的，任何真理都要经过时间的验证，任何生命也要经过时间的认可。譬如在世纪转折时期的尼采，他“一颗敏感的心，太早太强烈地感到了时代潜伏的病痛，发出了痛苦的呼喊，可那时在同时代人听来却好像很可笑。然而，当“漂泊者倒下，他的影子却笼罩了整个世纪。”他终于成为与马克思齐名的哲学家，时间最终验证了他生命的价值。正像尼采自己所说的：“我的时代还没有到来，有的人死后方生。”朋友，你如何能使自己的生命在时间的砥砺下越发锋利而耀眼呢?

有的人一生愿意拥有巨大的财富，有的人渴望执有重大的权力，有的人向往震惊环宇的声望，却很少有人能记起“一寸光阴一寸金”这句老话。许多人追求不到自己的理想，便以为自己一贫如洗、两手空空。事实上，生命赐予我们的最丰厚的礼物是时间，时间可以使我们从幼小的孩子成长为强健的青年；时间可以使我们从“呀呀”学语开始，逐渐拥有独立的思维、独到的见解，时间可以使我们白手起家、艰苦创业、苦心经营乃至成功；时间可以使我们把我们的家庭、城市及国家从衰微中赈救出来……只要给我们时间，我们就能够做到这一切，而时间正在我们手中！你合着掌，握紧拳，紧紧地抓住它，它就是你的，就能为你而服务；你轻松地挥着手臂，摆着双肩，它就会似一阵轻烟随风而去，绝不为你留恋。

因此，你要像灿烂的星群，你要锋利耀眼，你所做的就是要把握时间。“时间就是生命，生命就是时间。”

〔评析〕 这是一篇充满哲理思辨的文章。作者抓住生命与时间的关系，以辩证原理去解剖了这一组较为抽象的问题：可以消磨你如诗的年华，同样可以使你生命的精髓永恒；紧紧地抓住，就能为你服务，挥挥手臂，绝不为你留恋。……自始至终，作者都是以一种客观的评述在和读者谈心，而哲理来自了作者对身边生活的思辨，故而更能打动读者。

谈珍惜时间

北大附中高三　陈　峪

一个人的生命是有限的，无数前人曾经告诫我们：珍惜时间就是珍惜生命。他们计算了人吃饭、睡觉、娱乐等等占去的时间，指出剩下的是多么少，督促我们抓紧其中一分一秒学习。以前我每读到这些，总感到一阵内疚和一种奋进的决心。

然而，有时，当我在努力地背诵着政治书时，我突然感到一阵困惑：我背这一切为了什么？时间花在这种机械记忆上，不也是一种浪费吗？但是，热血沸腾了两下又迅速恢复平静，捡起扔下的书，背吧！

其实，一个人的时间又哪里是完全受他自己支配的呢？为了考试，你要背些无用的书；为了家庭，女人要做家务、生孩子；为了自己的前途，你要周旋于官场之中。要真正算起自己能够确确实实珍惜的时间来，恐怕真是少得可怜了。

一个人离不开一个时代。无数代人宝贵的青春荒废在为了生存的挣扎中、硝烟弥漫的战场上、东躲西藏的政治动乱里，多少人成为时代的牺牲品。想想仅仅二十年前发生在中国古老土地上的“现代童话”吧，领袖的一时冲动，使多少热血青年的青春、能量都消耗在互相残杀之中。他们的热情——一种怎样执著而纯真的热情，被用来砍树、开荒、武斗，他们被愚弄了，他们用鲜血、用青春换来的是什么呢？美丽的森林、草原变成沙漠，无数功勋卓著、知识渊博的老学者被斗致死，历史又无情宣判了他们。无数知识分子，包括我的父母，在风华正茂的壮年时。由于一个荒唐的“一号命令”，迅速迁往闭塞的深山之中，放弃他们深爱的研究，去学养鸡、种地、修渠，他们一生中最好的十年被白白地夺去了，而又有谁珍惜呢？

我并不是想把一切责任都推到社会和历史头上，实践证明：乱世英才并不少，不随波逐流的人有的是。在十年动乱中，有人狂热地紧跟形势“打、砸、抢”，有人却埋头苦读书。在今天，有的人盲目地加入经商热潮当“倒爷”，有的人却不为金钱所动考虑长远。所以，珍惜时间并不仅仅是节制吃喝玩乐的时间，而是要确确实实地去为一个值得去努力的目标奋斗。许多人，活得很苦很苦，天天月月年年地忙碌，可是到头来发现自己被美丽而遥远的“海市蜃楼”所骗，一事无成。这难道不是一种更大的时间的浪费吗？

所以，珍惜时间既是个人修养的问题，也是一个社会问题。一个国家的领导人，几亿人的指挥者，应该在每个动作之前慎重地考虑一下后果。一个社会，一个国家，应该尽可能地让个人发挥才能，高效益也是一种珍惜时间。对于个人，应该不盲目行事，看准目标，发奋努力。这样，人尽其才，物尽其用，这才是一种对每一个人时间最充分有效的利用方法。领导人的失策、人民的懒惰都会带来灾难性的后果。

我相信：人人努力，分秒必争，民主繁荣的中国终会出现。

〔评析〕 文题是谈“珍惜”，而文章绝大部分似谈“浪费”。谈“浪费”又不是一般的例证，而是以一种排比的方式，概述种种浪费的迹象，从具体的个人的主观浪费到时代的浪费，由点及面。问题的提出不能不说是深刻的，在一种因果、背反中，突出了珍惜时间的重要性和必要性。

我们要珍惜时间

天津南开中学初三　马　成

时间是童叟无欺的。它给勤奋的人留下智慧和力量；给懒惰的人留下悔恨和惆怅。如果你希望它给你以智慧和力量，那么请珍惜时间！

“一寸光阴一寸金。”这句话众所周知，但真正理解它，明白它的内涵的人却并不很多。时间是最特殊，最易消耗，最不受重视，最受惋惜的资源，且无法贮存，无可代替，不可缺少。它总是一刻不停地从你身边掠过。我们正值年少，理应努力学习，增长才干，可朝气勃勃的我们又难以认识时间的宝贵，因此我们要用毅力来控制时间。严冬，要强迫自己从暖和的被窝里爬出来读书；盛夏，要强迫自己在屋里学习；玩得正高兴的时候，要强迫自己马上与之分手；再好的娱乐活动应该放弃的必须放弃。

在我们之中有三种人：一种人总是沉浸在昨天的胜利之中；一种人总是陶醉在明天的幻想之中；还有一种人则注重今天。无限的“过去”都以“现在”为归宿；无限的“未来”都以“现在”为渊源。美好的明天需要今天付出巨大的代价，辛勤的汗水。再宏大的理想、计划，不去实现，那就只能是希望、梦想。有的人不知表示过多少次“明天努力”，“明天一定抓紧时间”的誓言，但几个明天过去了，他依然如故，就在叹息昨天和向往明天中丢掉了最为宝贵的今天。“从今天做起”，从明天做起”，只有一字之差，一天之隔，但却是勇士和懦夫世界观的分界线。延宕是偷光阴的贼，抓住它吧！

古往今来，珍惜时间的事例不计其数。巴尔扎克深知光阴像奔腾的急湍一去无还，独自埋头于阁楼，奋笔疾书，写出巨著。齐白石青年时期，曾经抓紧打柴放牛的间隙，用心琢磨绘画技艺，最后成为著名画家。作家姚雪垠的座右铭是：下苦功，抓今天。他的苦功都在抓每一个“今天”中落实了。从而完成了小说《李自成》的写作。应当记住：今日一天当明日两天，努力须从今日始！

研究些运筹时间的艺术，了解点生理的知识看来是非常必要的。精当地安排时间，一分一秒也要有计划，比如排队理发时，可以同时背单词，听广播时可以打扫卫生、做饭等等。善于利用时间的人掌握了自己体内生物钟的节奏，就能抓住高效时间做重要的事。这样的合理安排也就等于节省了时间。

对于学习任务日益繁重的我们还不能忽视零星时间，实践证明了在零星时间内记忆知识效果很好。鲁迅先生曾说：“哪里有天才。我是把别人喝咖啡的工夫都用在工作上的。”由此可见这位伟大的文学家是怎样珍惜时间的。只要我们珍惜分分秒秒，发愤学习，又何愁前途呢？

珍惜时间吧！它虽然不能增添一个人的生命，然而珍惜时间却可使生命变得更有价值。

〔评析〕　这是一篇从正面去立论分析的谈珍惜时间的议论文。作者从如何控制时间、从对待时间的不同态度和看法、从时间的运用科学等方面井井有条地展开分析。贯穿全文的内在的核心是“珍惜时间可使生命变得更有价值。”这一点，恰恰是本文新意之所在。

努力请从今日始

华东师大二附中高二　朱　伟

“今日复今日，今日何其少！今日又不为，此事何时了？人生百年几今日，今日不为真可惜！若言姑待明朝至，明朝又有明朝事。为君聊赋《今日》诗，努力请从今日始。”明朝人文嘉的这首《今日》诗，我已记不清什么时候第一次见到，但我却仍记得当时我读完此诗的心情：有一种“顿悟”的感觉，只觉得过去做了许多愚蠢的事，至此方才如梦初醒。

那许多我做过的蠢事归纳起来，可以分成两类：一是幻想，二是懊悔。然而幻想往往成为泡影，懊悔从来都无济于事。而这样的蠢事要彻底不干，又谈何容易？人们都喜欢幻想未来，预测明天，然而明天并不由人们的意志来决定，人们的幻想、预测又有什么价值呢？可惜的是，我们在幻想的同时，却让属于我们的今天的光阴悄悄地从我们身边溜走了。人们常常在陷入困境或遭受挫折时哀叹不幸，追悔过去，然而昨天已不再属于人们，逝去的已永远失却，人们的哀叹、追悔还有什么意义呢？从文嘉的这首发自肺腑的诗中，我忽然领悟到了：今天才是最可贵的！

人们常说占有的东西一旦失去了就会更感觉到它的珍贵，时间岂不也是如此？我们不必把时间浪费在想入非非之中，千里之行必须始于足下。万里长城如此浩大的工程不单是出于设想家的脑袋，也是劳动人民用自己的血汗和双手一砖一石地筑起来的，如果没有当初的第一块砖石，哪来如今的宏伟长城？我们更不应把时间消耗在“悔不当初”之中，冰冻三尺绝非一日之寒。法拉第在经历了上百次实验的失败后，终于有一次不小心将一块磁铁掉进了线圈，从而得出了著名的电磁感应定律，如果说这是出于偶然，那也是法拉第锲而不舍的努力所换来的。失败和挫折丝毫不值得后悔，我们失去的只是汗水，得到的却是宝贵的经验。只要不泄气。再努力，我们终究会成功。

正如文嘉所说，“人生百年几今日”，人的一生固然短暂，但只要珍惜每一个“今日”，每日努力，每日进步，又何患明日无成呢？

努力请从今日始——我愿将它作为我的座右铭。

〔评析〕　世人往往喜欢回味昨天，向住明天。因为无论是前者，或是后者，从表面上看却不需要花什么代价。而事实上，“让今天的光阴悄悄地从我们身边溜走了。”这是任何代价所无法比拟的。作者正是从这一角度去阐述“努力请从今日始”的。语出有典，意立有据，浑然而似天成，读后有种“如梦初醒”感。

（三）命题试析

《不要总是“下一次”》

“下一次”是文眼。“下一次”是一种借口，“下一次”是一种自新的表示。行文可以从“让步”入手，提出中心论点或论题。审题要在“立足现在”上，目标不能代替行动，要有目标，更要有行动。议论以分析阐释为主。

《只争朝夕》

“争”是体现了人的主观意识，体现了人的人生的态度，体现了对人生价值、意义的思考。分分秒秒都在一种“争”中度过，可以丰富和充实人生。宜采用引证法、例证法。

（四）名篇欣赏

今　日

林语堂

在世界历史中，再没有别的日子，比“今日”更为伟大。过去各时代的一切，像一个雪球，越卷越大，越堆越多，以构成“今日”之伟大。

“今日”是各时代的文化总和，“今日”是一个宝库，在这座宝库中，藏着过去各时代的精华。个个发明家、发现家、思想家与个个工作者，都曾将他们的成绩，贡献给“今日”。

今日是世界上有史以来最伟大的日子；因为它是集一切过去的日子的总和而构成的，在它中间包藏着全部过去各时代的成功和进步。今日青年的出发点，与一世纪以前的青年相比较，正不知要相差多少倍啊！

今日化学、电、声、光各种科学的发明与应用，已把人类从过去简陋的物质环境中拯救出来；今日的文明，已把人类从过去的不安与束缚的环境中解放出来。今日的一个平常人的享用之安舒、华美，简直可以超过一世纪以前的帝王。

有些人往往有“生不逢辰”的感叹。以为过去的时代都是黄金时代，只有现在的时代是不好的。这真是大错误。凡是构成“现在”的世界的一分子，必须真的生活于“现在”的世界中。我们必须要去接触、参加现在的生活之洪流，必须要纵身于现在的文化巨浪。我们不当生活于“昨日”或“明日”的世界中，而当生活于“今日”的世界中，我们必须知道今世之为何世，今日之为何日，从而去接触、反应现实的生活与文化潮流。世人的许多精力，都是耗费在追怀过去与幻想未来中的。

一个人能够生活于“现实”中，并且充分利用“现实”，不去枉费心力于过去错误失败之追悔及可能的未来的幻梦中，他要比那些只会瞻前顾后的人，有用得多，完美得多。

所以有时候处在一月。你千万不要任凭自己整天幻想于二月，而丧失一月中可能得到的佳趣。不要因为你对于下一月、下一年有所计划、憧憬，而遂虚度、糟蹋了这一月、这一年！不要因为目光注视着天上星光而至看不见在你周围的美景伟观，踏毁了在你脚下的玫瑰花朵！

请君先去享受你现在所有的安乐、幸福，不要仅幻梦明年的不可得的汽车和洋房。请君先去享受你今年所有的衣服，不要仅去妄想着明年的不可得的锦绣狐裘。

你当下一决心，去努力改善、支配你现在所居的茅屋，而使之成为世界上最快乐、最甜蜜的住所。在你幻梦中的亭台楼阁，高大洋房，没有实现之前。还是请你迁就些，把你的心神，仍灌注在你现有的茅屋中，这不是叫你绝对不可以为明天打算，对未来憧憬。我只是说，我们不当过度地集中我们的目光心力于“明天”，不当过度地沉迷于“将来”的好梦中，而倒反将当前的“今日”丧失，丧失尽了它的一切欢愉、幸福与机会！

请你灌注你的全生命于当前的“现实”中吧！假使从“今日”中你只能取得百分之一的幸福。则你可以不必打算去从“明日”中取得百分之九十的幸福；你还是尽先努力，试从“今日”中取得百分之百的幸福吧！

我们不应该常常生活于预期的幻想世界中。幻想过度，将使生活陷于枯燥、乏味。预期、幻想，可以使我们对于现在的地位与工作产生厌恶。它能破坏人们享乐“现在”的能力。

幸福之为物，是日日堆积而成的。正像圣经中所说，以色列民族在出征埃及途中，天上降下的天饼，只可在当日吃尽，藏了一夜，到了“明日”，就要变坏而不能下口。幸福一物，也只有在当日所能享有。有些人只能看出“明日”的价值，而看不出“今日”的价值。当日行善事的机会，他们无暇顾到。他们忽略当日的业务。他们不肯行些小的慈善事业，因为他们正在作梦，期望一朝腾达以后，再捐出一宗大款项呢！

人们有一种心理，想脱离其现有的不快的地位与职务；而在渺茫的未来中，寻得快乐与幸福，其实这是错误的见解，试问有谁可以担保，一脱离了现有的地位，就可得到幸福？有谁可以担保，今日不笑的人，明日一定会笑呢？假使我们有享乐的本能，而不去使用，谁知这种本能不在日后失却作用？

假使我们能够彻悟到，只有“现在”是真实的，只有“现在”是存在的。彻悟到世间实际上无所谓“昨天”与“明天”，而只有“今日”是可靠的；彻悟到我们不当将我们的生命，投射于“未来”的境界，或退归“过去”的地域中；彻悟到我们所有的，只有这一整个的永恒的“现在”，而所谓年、月、日、分、秒者，不过是这整个的永恒的“现在”之生硬的、勉强的划分。假使我们能够大彻大悟到这点，我们的生命的欢乐与效率，真不知要增加多少啊！

道德·修养篇

（一）立意指南

追逐那一份丰富

人生，是一个过程。生命，是一种力量。力量在过程中显示，显示中又创造新的力量。而力量的源泉，和人的修养程度有关。于是，从外部形体语言到内在的心灵塑造，从知识的积累到能力的生成，每个人都在一种缺憾中追逐那份丰富，那份充实。

生活是变化的。所谓适者生存。这一个“适”字却非一朝一夕而能为的。它需要我们毕生去努力，用自己的眼睛去观照，用自己的心去爱，用自己的理智去判断。面对欢乐，就要能懂得欢乐，理解欢乐，拓展欢乐，而不至于轻狂与亵渎；面对错误，就要能认识错误，修正错误，而不至于敷衍与漠然；面对挫败，就要能学会利用挫败的经验去修补生命，而不至于白白地付出……

生活是复杂的。丰富自己的知识，丰富自己的能力，更要丰富我们的心灵，使之永远处在一种活跃且清新的境界：自信而不自欺；热情而不轻佻；“我行我素”而不偏执刚愎；谦让谨慎而不因循依附；有责任心而不偏狭；有荣誉感而不浮躁……自足、自信、自律、自爱、自乐、自新、自重、自豪、自励——自丰而人裕，这是一种丰富；信人、恕人、爱人、给人、助人、敬人、勖人、督人——人丰而我裕，这也是一种丰富。任何修养只有在自然的时候才有价值，任何道德只有在自觉的时候才有意义。

生活是多样的。老舍的“教子章程”可以唤回我们一些沉睡的记忆：一是不必非考一百分不可，特别是不必门门一百分；二是不必非上大学不可；三是应多玩，不失儿童的天真烂漫；四是要有个健康的体魄。文化素养重要，身心修养更重要。一个人要面对精采纷呈的生活，最要紧的是有个美好的心灵，健康的头脑。达观知命是一种素养；发奋图强是一种素养；意气风发是一种素养；指点江山是一种素养；既要“慎其独”，又要“济沧海”；既要“知足常乐”，又要“不知足常乐”，方方面面，高高低低，求得一个全面发展。

人在旅途，追逐的就是那一份丰富！……

（二）习作选评

“我行我素”谈

北京师院附中高三　雍　飑

古人云，“君子素其位而行，不愿乎其外。素富贵行乎富贵，素贫贱行乎贫贱，素夷狄行乎夷狄，素患难行乎患难。君子无入而不自得焉。”这便是“我行我素”这个成语的出处。

很多时候，人们总爱把“我行我素”与“独断专行”、“不听劝告”这样的模式联系在一起。更有一些人不顾公共道德，为所欲为，还打着“我行我素”的幌子，招摇过市。然而，我要说，这是对“我行我素”的曲解与玷污。“我行我素”的本义是，不因环境地位的影响而改变自己的操守。它与“见风使舵”、“骑墙主义”是针锋相对的。究其实质，即是摒弃外界的困扰，坚定地走自己的路。或许是因只重形式不重内容，造成了人们对“我行我素”的曲解。然而从古至今，漫漫五千年，又有几人能领悟到“我行我素”之真谛，且真正做到始终不渝呢？

“我行我素”需有高洁的志向。陶渊明宁可辞官，而不肯为“五斗米而折腰”。因为他追求的不是世俗名利，而是人与自然的和谐。而一个没有理想与追求的人，其生命的意义仅在于吃、穿、住、行，怎能不为金钱、名利所动呢？这种人是永远也达不到“我行我素”的境界的。

“我行我素”需要有忍耐一切痛苦的勇气。屈原被流放到溆浦，终日与猿猴为伴，离乡背井，寂寞无赖。他满怀悲愤地写道：“吾不能变心以从俗兮，固将愁苦而终穷。”明知前途暗淡，仍然誓不变节，这是何等勇气。大凡求真理者，初多为人所不解，只有那些有勇气在无助与寂寞中继续探索的人，才有可能到达真理的彼岸。当然更多的人在尚未看到胜利成果时便倒下了。这就是牺牲。

“我行我素”亦需要牺牲精神。正如革命先驱李大钊说的：“人生的目的，在发展自己的生命，可是也有为发展生命必须牺牲生命的时候。因为平凡的发展，有时不如壮烈的牺牲足以延长生命的音响和华光。”他自己的牺牲就是这样的一曲悲歌。他的死唤醒了千万同胞；他的一生，正是“我行我素”的一生。他对生活条件可谓无所求，常常倾其所有，资助学生；他对理想的追求却是异常坚定与执著，无论形势何等严峻，他从未停止研究和传播马克思主义的工作。他，宛如傲雪的劲松，黑夜中的灯塔，指引着千万革命青年前进的道路。

“我行我素”是一个很高的境界，高洁的心志是其根茎，崇高的理想是其精髓，百折不挠的韧性是其永恒的旋律，为真理而献身则是它的升华。

“我行我素”绝不是凭着一时的冲动和任性就能做到的，但也并非可望而不可及。就从点滴做起吧，做到有主见，而不盲从；走自己的路，而不满足于踩着别人的脚印；凡事但求无愧于心，而不求人人理解。这样，生活就将变得明澈而洒脱，心地就将更加纯正而坦荡。愿“我行我素”成为人们生活的座右铭。

〔评析〕　“横看成岭侧成峰。”一些意外的发现在往来自于最佳角度的选择。“我行我素”，向来贬之，但作者却能反其道而为之正名，发掘其真谛，从品质意志精神等方面分析得出“我行我素”是一个很高的境界，立论坚定，分析充分，论证有力。

谈　美

天津南开中学高三　李　麟

俗话说：“爱美之心，人皆有之。”爱美，是人的一种天性。美，对于每个人都有着极大的诱惑力。可是，究竟什么样的美才是我们应当追求的美？美，究竟是什么？这是一个很值得深思的问题！

《巴黎圣母院》中的埃斯美拉达是一个心地善良而又美貌的姑娘。她给遭受鞭打的卡西莫多水喝，又搭救了诗人甘果瓦，她赞扬善良，痛恨邪恶；卡西莫多虽然外貌奇丑，但他却有一颗善良的心，一个美丽的灵魂；富洛娄道貌岸然，仪表堂堂，他在大庭广众之下宣扬伪善的说教，在密室里却埋头于占星术、炼金术，渴望着发大财，还欲置埃斯美拉达于死地。

这三个艺术形象说明了：我们在衡量一个人美与不美时，不能只看他（她）的外表，更重要的是要看他（她）的内心世界是否高尚，看他（她）的心灵是否是美丽的。这才是判断一个人美与不美的重要标尺，这样的美才是真正的美，才是我们应当追求的美。

也许有人要问："那么，你反对仪表美吗？"不，我们还是希望人们能做到仪表与内心同样美，这才是真正倡导的。《红岩》中的江姐，在临牺牲前，还要整理一下头发和衣衫，表现了一个革命者美好的仪表和风度。我们所赞美的仪表美并不是指穿奇装异服，留怪发式，而是指内在的心灵美和外部的风貌美的和谐统一。一个青年，如果不注意道德的修养，情操的陶冶，一味追求怪诞的打扮，迷恋于用华丽的服装来掩饰内心的空虚。其实，这种所谓"漂亮"的外表是会令人生厌的。

总之，只有心灵美才是一个人最重要的美。只有有了心灵美，才能够做到语言美、行为美、仪表美。每一颗美好的心灵都是人们在复杂的生活中逐渐学习、锻炼而培养起来的。朋友们，让我们共同来铸就一颗美好心灵吧！

〔评析〕 前提有了，但结论是什么？作者便是在层层设疑中去寻求答案的。文章是从三个典型的艺术形象入手，较为有说服力地提出自己的看法：心灵是否美丽，是判断一个人美与不美的重要标尺，这才是我们应当追求的美。作者又不一而足，引出仪表美，并以江姐为例证，目的是为了证明仪表美实则是心灵美与外部风貌美的统一，从更集中地阐述心灵美的重要。

心灵美小议

华东师大二附中初三　刘正宇

爱美之心，人皆有之。然而许多人重视的只是外形的美，其实纯洁的心灵才是真正的美。

何为心灵的美？简单地说来，就是一个人所具有的美德。大哲学家弗朗西斯·培根曾作过这样一个比喻：美德好比宝石，它在朴素背景的衬托下反而更美丽。事实也是如此，每一个有美德的人，都是能够令人肃然起敬的，无论他的形体和容貌是否美。

打一个比方，你吃过石榴吗？它有一层粗糙的黄皮，貌不惊人，土里土气的，可是切开一看，里面全是水晶珠子般的籽儿，满满的，密密的，吃在嘴里鲜嫩水灵，甜酸可口，沁人心脾。这才是真正的美呀。

再举一个最确切的例子来说吧，钢铁战士刘琦为灭火灾成了一个失去四肢和五官的残疾人，他的外表是丑陋的，然而他有一颗美好的心，光彩照人的品质，这些又使多少生就花容月貌，而内心肮脏的人黯然失色。

外表的美是容易凋谢的，所谓“昙花一现”，“人老珠黄”都说明了这点。因而说，只是内在的美才是永久的。科尔顿说：美丽的身材可以吸引倾慕者，但是要永久地吸引他们，需要美丽的灵魂。

记得明朝的开国元老刘伯温就曾批判过那些“金玉其外，败絮其中”的人。时至今日，人们对“绣花枕头一包草”的人仍是深恶痛绝的。他们就只有形式上的美，腹中空空，没有真才实学，只不过是供人观赏的花瓶而已。

形体之美胜于颜色之美，心灵之美又胜于形体之美。曾有过这样一个传说：一个年轻的雕塑家为了参加脸部雕塑比赛，特地请来了一个绝代佳人作模特儿，结果由于雕出的只是一张没有任何表情的冷傲的脸而名落孙山。而当他注视着母亲那慈祥、安然的脸庞时，他发现了真正的美，于是毫不犹豫地把母亲的脸作为模特雕了下来，这才是有血有肉的最美的脸部雕塑，他最终得到了冠军。

当然，世人最为推崇的还是才貌双全的人。那么就请把美的形貌和美的德行结合起来吧，只有这样，美才会放射出真正的光辉。

〔评析〕 在一种肯否之中非常明确地确立全文中心：“纯洁的心灵才是真正的美。”并以培根的话作解证。引文有喻证，有例证，又有引证，有对比，内容丰富，并且后半部分将外部的美与内在的美统一起来。“否”并不完全否定，“肯”也不绝对化。议论分析较为中肯。

也说“爱面子”

东北师大附中高三 刘 炜

好像人人都很爱面子，似乎没有人喜欢别人说自己不好，也没有人喜欢自己脸面无光，这叫爱面子。自己犯了错误很不好意思，觉得脸面上过不去，这叫爱面子。有些事自己做不来，需有求于别人，但不好意思张口，这叫爱面子。看到别人有缺点、有错误，不好意思说，这也叫爱面子。遇事不愿出头，怕做不好，被人笑话，这也叫爱面子。

爱面子是好事，还是坏事？

比如，一个人由于犯了错误，便深感不安；或受了批评，便更加惭愧，于是，便俯首自审，接受教训，尽力向好的方面去做，从而改正错误，更快地进步。可以说，爱面子是自尊的一种表现。一个人或一个单位的工作没搞上去，成绩不如别人，举目四望，便觉脸面无光，羞愧难当。发现自己落后了，便认真总结，刻苦自励，赶上或超过别人。可以说，爱面子又是人们责任心、事业心的一种表现。

当一个国家、一个民族贫弱不堪，受人欺侮时，许多仁人志士便觉脸面发烧，心急如焚，历尽艰险寻找救国救民之路，发愤图强，以雪国耻，为国争光。这种爱面子是为国家、为民族的，是维护国家和民族尊严的一种表现。

既然爱面子可以促使人进步，激励人立志图强，取得事业上的成功。那么，爱面子岂不是件好事了吗。

但是，爱面子也不尽是好事。比如，自己很想好好工作，做好事，争取进步，由于怕别人说自己“出风头”，而甘居中游。看到别人做得好的，做得对的，不敢明确表态赞扬，见到正义之举，不敢坚决支持，因为怕别人说“显示自己”。见到别人有了缺点和错误，因为是熟人、老同事、老朋友，打不开情面，不肯反对，更不肯批评，甚至由于“爱情面”而不情愿地支持了他们。

凡此种种，皆由“爱面子”所致。这样看来，如此的爱面子又是争取进步、努力工作、坚持正义、反对邪恶的一块绊脚石。究其实质，是私心的一种表现。

更甚者，还有一种爱面子，叫做死爱面子。为了个人的“面子”，有时竟不择手段。例如，有的学生学习不好，又不下苦功夫，即或努力了，一时又上不来；有的功课不会，又不肯去问别人，与人相比，便自愧不如，认为低人一头，会被人耻笑。但是，为了取得好一些的成绩，让父母满意，自己也可以在老师、同学面前说得过去，于是，在考场上便抄别人的或偷偷地看书。这样做，不仅不能提高自己的学习，而且会滋生一种不劳而获的坏思想。在生活中，我们会看到有的人为了和别人攀比阔气，不惜勒紧裤腰带，买彩电、冰箱、高档沙发……以争脸面上的光彩。有的人为了“面子好看”，婚事要大操大办。没钱怎么办？上勒父母，下骗亲友，甚至偷银行、窃公款，走上损德犯罪的道路。有的国家工作人员，为了个人或小单位的名利而上欺下骗、弄虚作假、谎报成绩，结果损害了党的声誉，坑害了国家和人民。这种“死爱面子”实际上是虚荣心的一种表现，是自私自利、极端个人主义的一种表现。

〔评析〕 文章一开篇便一气连从五个层面对“爱面子”的表现进行剖析，可见作者对此深思熟虑，接着用一个选择性的设问句，提出论题。作者的‘分析是独具匠心的：从对爱面子的肯定落笔，层层深入，由一个人到一个民族。就全文言，“肯定”不是主要的，所以“但是”一转，从实质上去分析爱面子是私心的表现。分析实在，论证充分。

分　寸

东北师大附中高一　李　秀

很怕进书店。倒不是怕囊中羞涩，往往倒是书店的那股气氛威慑了我。

我想起那次令人惊心动魄的“奇遇”。

刚迈进书店的大门，正环视四周，想选择个适合自己的地方，一声厉喝劈头而来：“把包存上!”还在迟疑是否说的是我，一道眼镜后透出的利光已直向我射来，我这才猛醒，乖乖地将挎着的书包存进了已摆满各式提包的存物处。卸下书包，不由得倒吸一口冷气，好个下马威!

七拐八转地进了“开架售书处”，意外地发现了几本新书，抽出一本，饶有兴趣地翻了起来。正翻着，一个威严的声音忽然在耳畔响起：“买书的同志抓紧时间啊，不买就别看个没完!”本来就余悸未消的我，这时又不禁吃了一惊：虽说称呼了“同志”，还算客气，可那语调分明在提醒着人们：“我们这儿是卖书的，不是借书的!”于是，赶快以一目十行的速度浏览了目录。觉得不满意，便又把目光投向了书架的上一格。这时，蓦地发现书架的框上贴着“偷书可耻”！正想看看周围的框上是否也贴着同样内容的“标语”，抬眼向四周看，真糟糕，又碰到了那个“眼镜”！原来，他是在人群中巡视，大概是想发现一、二个可耻的偷书贼吧！他仍是那么冷冰冰地盯着我，刻薄的眼神分明在说：“若是有半点不轨行为，看我不把你抓起来!”那一刻，从未想过要做贼的我，忽然莫名其妙地产生了一种做了贼的感觉，心神再也平静不下来了。我好像觉得眼前这个书店活像一座大庙，而我刚进来就被“搜了身”。迷茫中，两旁只有凶凶的八大金刚虎视眈眈，圆目毕睁，而且仿佛一开始他们就对我的品性产生了怀疑，一直监视着我，还抱着“老鼠过街，人人喊打”的态度随时准备把我扫地出门。噢，我买书的兴趣全无，一分一秒也待不住了，逃也似的出了书店的大门。

门外是微风习习，我不禁叹了一口气，哎，要知道，在“高压政策”下，真正的书贼会面不改色，依然故我，而像我这样的人倒会吓走不少啊！

冷若冰霜，严格警戒，当然让人视为畏途，望而却步；而太过殷勤，其实也未必很好。

有时到个体户的摊位闲逛，那儿的态度真是热情备至。在你没走近摊位时就向你打招呼，“姐姐”、“大妹子”……叫个不停，要是你表示不买，他们也会追问不休，主动介绍每一种商品，大有你不买他一件东西就不准离开的意思，我实在消受不了这等“礼遇”，只感到浑身不自在。

我想，除了主动招呼，适当满足顾客的要求外。货主应该尽可能让顾客自便，让顾客享受充分的自由，尽情挑选自己满意的商品，而没有任何被压抑、被逼迫的心理负担。

说真的，当我被售货者过于热情地招待时，便会感到一种莫名其妙的“内疚”，觉得倘若不买上点什么，那实在太不像话了；然而，轻易买了回去，往往又会懊悔。

掌握适当的分寸是相当重要的，过冷或过热，都会把人“吓”走；只有恰到好处，才会令人如沐春风。

〔评析〕 分寸是什么？是一种修养。作者以自己的亲身经历向人们诉说了一个道理：“掌握适当的分寸是相当重要的，过冷或过热，都会把人吓走，只有恰到好处，才会令人如沐春风。”于叙事中见理，于比较中见理。以一种细腻的心理分析，强调了生活中如何掌握住“分寸感”。

（三）命题试析

《自责·自爱·自励》

三个词，从不同角度、不同层面阐述人的精神风貌。三个词，所涉及的内容是一个人修养的内容：自责而不自轻、自爱而不自毁、自励而不自负，这是现代青年应有的品质。应结合自己的生活体验，娓娓去谈。宜用对比法。

《君子慎其独也》

这是《礼记》中的一句话。先从解释题意入手，结合现实生活中某些不“慎其独”现象，阐述个人道德、社会公德。从批评那些“人前是人，人后是鬼”的伪君子入手，强调表里一致。亦可从“若要人不知，除非己莫为”入手去分析。

（四）名篇欣赏

假如寂寞来临

潘永新

朋友们相聚陋室，清茶苦酒扯到面红耳热，少不得谈起各自的工作境遇和生活琐事。于是，有人慨叹命薄，有人顾影自怜，有人对别人的成就羡慕不已，也有人对着茶杯酒盅一言不发，更有人几经拼搏，几番失败，就说自己天生是块榆木疙瘩，派不上用场，只有甘守平庸无为的份儿。像这样的情形，恐怕不独我的这些朋友才有。事业多挫，情侣分飞，朋友离去，功名不就，难言的焦灼、苦闷和不安伴随着某种说不清的渴望时常叩访我们，一并成为思想的主题，这便是人生的一大关口——追求和奋斗之路上的心理寂寞期。

古往今来，凡成大业者，其人生坎坷磨难大都很多，有的十载经营未见良果；有的半生奋斗难收功名；而“出师未捷身先死”的情况也屡见不鲜。但命运从来就不薄奋斗者。谁耐得住人生的一份份寂寞，稳得住实实在在的脚步，成功就属于他。曹雪芹若没有十年寂寞，哪来煌煌巨著？诸葛亮躬耕垄中，26岁才被刘备三邀出山，这其中的寂寞清苦，对一个抱定入世治国的古贤来说该是何等的难耐。

寂寞是人生旅途中一个宁静的港湾，人生之舟经风历雨被撞坏时，需要在此停泊修理；当暴风骤雨阻断航行时，需要在这里暂避天险。鼓帆吹号，乘长风破万里浪，固然雄壮威风，令人惊羡，但没有寂寞这样的港湾，没有短暂的停顿休整，就没有搏击风浪的辉煌征程。

没有寂寞，心灵会在无休止的喧嚣中疲劳衰竭；没有寂寞，灵魂就没有自我反省悔过自正的机会；没有寂寞，一切都将成为一堆堆没有头绪的乱麻；没有寂寞，甚至事业也会成为一条单调无光的死河。古人云：“静坐常思己过”、“每日三省吾身”，说的就是人生需要寂寞。事业受挫了，静心思考，调整一下方位，鼓足力量再图创新；爱情变成了句号，丘比特之箭飞落的空隙，正可以用来品味人生的甘苦，学会在逆境中生存的技巧。形影不离的朋友固然很好，但有时就在这热热闹闹中，蹉跎了岁月，为什么不选择一个短暂的分手，把过去凝成一束鲜花，让馨香永存心中。此起彼伏的“热”，时涨时落的“潮”，使得一些人晕乎乎跟着“热”风走，昏昏然伴着潮流行，无法把握住自己，最终乱了方寸。有位朋友，十多年里，学过英语，写过小说，编过剧本，弹过吉他，“热”什么学什么，到如今却什么收获也没有，两手空空。问题出在哪儿？就在于他耐不住寂寞。

忍受寂寞，还得有一番心理准备。朋友的冷落、市俗的白眼，鲜花掌声的吸引和堕落的诱惑相伴而生，而选择哪一条路全由你自己，但最终的结局只有两个：要么寂寞、沉沦、颓废，无所作为了却一生；要么歪歪扭扭然而却是执著地踏上奋斗之路，忍受寂寞，战胜寂寞，洒洒脱脱地留给后人一份丰厚的遗产和丰富的精神启示。我们该选择哪一条路呢？朋友。

青春·个性篇

（一）立意指南

投入地笑一次

人生有四阶段，最苦的莫过于青春期。既渐离襁褓，又羽翼未丰，家里当孩子，社会当学生，永远是不成熟的代名词。所以，青春最苦也最恼。既不从容，又不洒脱，既无钱的独立，又无权之尊严；有小的可比，又有大的要追；小的因你“比我大”可以管你，大的因你“还小还嫩”理所当然要管；作业讲义一大堆，跑上跑下跑断腿。因此，忒易受轻忽。所谓“嘴上没毛办事不牢”、“学业未精，阅历欠深”。而他们所说的“年轻化”不过是相对而言的提倡罢了。书包里塞的是愁，日记里锁的是恼，真所谓“少年识得愁滋味，为赋新生难说愁”。年轻人有愁是说不得的，否则得了“无病而呻吟”，“有福不知福”，倒是愁上加愁了。

青年，唯一可骄傲的是年轻。奥斯卡·王尔德说过：“人世间其实一无所有，唯有青春。”所以，孩童时盼望青春，长高长大，为生活重视；老年时追思青春，是想望时光倒退，再现当年的风光。然而，真要他们处在这样的时代，说不得早早脱身了。

但是，青春总是不错的。我们不妨活泼些，真实些，豁达些，投入地笑一次——

青春，必定是这样的：“到处怒绽着红紫；到处隐现着浊光；到处悠扬着悦耳鸟声；到处飘荡着迷人的香……她是灿漫的，永远向着充实和完成的路上走。

青春，必定是这样的：每个人都是一个小小的港湾，有自己的船舶；每个人都有属于自己的位置，有自己的星运：一味活泼一味热狂一味苦恼一味迷欢一味生长一味发展——她是个性的，是燃烧世界也燃烧自己的一团烈火。

青春，必定是这样的：她是热情的化身，幻想的泉源，野心的驿站，是“无穷的无穷，希望的希望，”——她是年轻的，充满“水晶的笑”和“水样的烟愁”。

——投入地笑一次，生活便会洒脱起来。“如果我们心目中没有光和色彩，那么，我们便永远看不到外面世界的光和色彩”。

（二）习作选评

年轻的喝彩

北大附中高一　龚　元

洒脱，是现在中学生的一个热门话题。经常可以听到一些人在抱怨：“我活得太累了，我不应该是这样，而应该洒脱一些，想说什么不加掩饰，想做什么我行我素。”还有一些“成熟”的同龄人极其平静地教导我：“对什么事都不应太在乎，那些伤感的事应强迫自己忘却，就算真的难过，眼泪也要滴在心里。”似乎这样就是成熟，就是洒脱，就是一个洒脱的现代人了。但我认为正好相反，洒脱，洒脱的年轻人应该是坦荡的，想哭就哭，不吝惜眼泪。但是，有的时候，我们也的确应该有所掩饰，为的是不打击另一个年轻的希望。比如一个同学经过一番精心安排后，展示给大家一个节目，之后自信地问你效果怎样，正好你不欣赏，可你想到要对自己——一个洒脱的年轻人负责，于是说：“嗯，不太好。你显得不自然，动作也不大方。”当你说完后看着他失望、尴尬的一笑时，你却在想：“不管怎样我做到了要讲什么不去掩饰，否则活着岂不太累了？我终于洒脱了一回。”可你的洒脱已伤了一颗热情而敏感的心，所以洒脱绝不等于以我为中心任意行动而不考虑别人。

洒脱应该是真实内在的，当你想去掩饰，你就去掩饰；当你想坦诚表现，你就直说感觉；当你不想在别人面前伤心时，你就让泪水自然落下来。这才是真正做到怎么想就怎么做。

年轻的洒脱是热情的。我们不再欣赏那种陈旧的自认为潇洒的冷峻的面孔，也不需要那种告诫别人不要对我寄望太多，因为太多的期盼总是带来失望的玩世不恭的“成熟”。这类洒脱者总给人以冷漠的感觉。我认为每个年轻人的心中都应有燃烧的野史。去问问你心中那份炽热，它会告诉你怎么洒脱。如果你强迫自己用冰冷的外壳罩住心中的火，你一定会心境混乱，肌肉僵硬，用中医的话说：“你上火了。”对症下药：用心中的炽热融化你冰冷的面孔。我们喜欢热情的风格。

年轻人，的确应该活得洒脱，尤其在有不顺利的事的时候。比如一次失误导致我考试彻底失败。于是当我走进教室，感到看着我的是同学们鄙视的目光（尽管他们不是这样）；回到家中，感到盯着我的是家长恨铁不成钢的眼光；镜子中，是自己悔恨的泪光。这，足够年轻的心颤抖几天了。这时，对自己说一声："年轻人，洒脱些，不要想得太多。"我们年轻人最大的优势就是有的是明天，有的是希望。今天失败了，但不必太在意。这无非是成长经历中一个小插曲，是一个锻炼的机会，这与我们的希望相比，微不足道。或许在某一方面我不是强者，但我总会找到属于我的天空，属于我的领域。在那里：我是强者，我是主宰。只要我们年轻人准备好本事，有实力，总会有成功的机会来敲门。

装满自信，发动引擎，向我们年轻的梦想直线冲击。为我们的年轻喝彩吧。

〔评析〕　"喝彩"，中学生往往缺少的正是这份自信与洒脱——为自己喝彩。作者立足于"洒脱"，从什么是"洒脱"，"洒脱"的内质是什么，年轻人应该"洒脱"一些等方面展开说理，劝勉与劝戒相结合，劝勉为主，虽无旁征博引，却也分析中肯，议论切合要领。在语言运用上，颇有散文化的味道。

自我理解万岁！

南京师大附中初三　徐　佳

现在社会上很流行这么一句话："理解万岁！"自从老山前线的将士喊出了这一心声，多少人亦有同感，心与心的呼应，便在这四个字中得到了升华。

然而，人人都用这个词，说滥了，便也失去了它原有的风采。有人玩弄权术，却要别人"理解"他具有"竞争意识"；有人懦弱胆小，也要别人"理解"他"老实"、"持重"。

"理解万岁！"实际上已被玷污了许多次。

人活着当然要有理解，否则便如在荒漠中独行，无依无靠，无援无助。可是，总把别人的理解作为做事的前提，未免自作多情，有失偏颇。依我看，自我理解。便是很可贵的一笔财富。

自己想干什么，只要权衡得失，觉得是对的，为何要缩手缩脚呢？如果总是顾虑别人的议论，当人家理解不了你的时候，便顿生烦恼，又何苦呢？只要你觉得合适，就放手去干，去闯吧！为他人之见所左右，总是不如自己拿主意好，苦苦寻求他人的理解，总是不如先让自己理解自己好。

如果你对文学历史兴趣浓厚，只管去报考文科吧！有人说学理科实惠，倘若听了他的意见，最终放弃了自己的爱好与追求，正是说明了你还没能够真正地完全理解你自己，否则别人的影响能改变你的毕生道路吗？所以说，要别人理解你，首先得自己理解自己。有了坚定的信念，有了矢志追求的目标，有了充实的内心世界，何愁别人不理解你呢？信念支配一切，待你成就了一番事业，待你壮志已酬，那些原先阻拦你的人们，不也就对你刮目相看了吗？理解，毕竟不是拣来的。

所以，我奉劝所有为得到别人理解而竭力呐喊——“我需要理解”的朋友们，别再自己折磨自己了，先尽自己心力做一番自我剖析，完善你的自我意识，先让自己理解自己吧！

我想，社会上应该流行这么一句话——

自我理解万岁！

〔评析〕　题目本身是“理解万岁”的仿词艺术的运用，它揭示了作者的匠心，入题是破中求立，体现了作者的思维的独特性。所谓的“自我理解万岁”是建立在尊重个性基础上的。这是一种劝勉，更是一种呼吁。俗话说：求人不如求己。因此，作者的立意从很大程度上看是一种观念的更新。应该肯定的是作者的这种看法是非常有针对性的，也非常切合中学生心理的。

活得要洒脱

河北辛集中学高三　常红梅

从小我就是个好孩子，别人都说我听话、乖，于是这“好孩子”的赞美之辞一直伴随着我。我呢，也乐于做个好孩子给人们看。随着年龄的增长，思想的变比。这“好孩子”却越做越难，就像一株小苗种在一个花盆里，小苗越长越高，花盆愈显窄小，苗儿终于被束缚得难受了。

我也不自在了。虽然“好孩子”的名声依然保留着，可我却做得好艰苦。

我酷爱音乐，当然也喜欢通俗歌曲、迪斯科、摇滚乐。如果我一个人时，就会把录音机音量放得大大的，尽情欣赏。然而怡然自得的时候太少了，要考虑周围的环境，要为别人着想，更主要的是，不知何种心理作怪，我不愿让别人知道我欣赏那些长辈们认为是乌七八糟的东西。

我喜欢时装和时装表演。每当翩翩女郎身着新颖别致的服装出现在电视屏幕上，长辈们总是对其嗤之以鼻，认为难看得很，我往往也随声附和或者默不作声。尽管我多么喜欢，可为了表现出具有所谓正确的审美观，还是很不情愿地掩藏起来自己的真实情感。

更有甚者，一个小姑娘却不敢表现自己爱美之心，不敢打扮，不敢当着人面照镜子，不敢按自己的意愿买衣服，怕落下个“臭美”的名声。

我不顶撞别人，不敢大胆发表自己的见解——为了给别人留下个“好印象”，我总是尽量满足别人也许是不太合理的要求。我处处留心自己的形象，唯恐有什么被人耻笑的地方。每当有人吃吃地笑，我都怀疑是否在笑我。有一次，竟有一星期的时间不敢大声打喷嚏。

这样，我把自己装在一个套子里，像个茧中的小蚕。这个生活空间的确太小了，我被压抑得抬不起头，喘不过气，每走一步都要思前想后，左顾右盼。只是为了别人眼中的我，不辞辛苦营造一个给别人看的壳子。

我已厌倦了这样做人，追求十全十美的心理束缚了我的手脚。看一看，想一想，太阳每天冉冉升起，徐徐落下，从不介意人们在怎样褒贬；花儿在自由地开放，即使不美丽，也照样点缀着大地；小鸟在尽情歌唱，尽管有的不太悦耳。它们在这个世界上多快乐，它们懂得生活的意义。从不杞人忧天。

人也要活得洒脱，不要勉强做人。从前的我一直在表演，而把那个真实的我掩盖起来。现在，我要撕碎这个虚伪的我，按自己的方式去生活。只要心胸坦荡，有什么可怕的呢？

扼住命运的咽喉，才不失之为一个强者。因此，一个人要勇于表现自己，要善于表现自己，这样，你的聪明才智才能呈现于人前，才能有为于社会。为了做到这些，请记住一句名言：自己走自己的路，让别人去说吧！

〔评析〕　这是一篇构思很奇特的议论性散文。作者没有宏言大义，更没有去高谈阔论，而从自身的生活去谈，且绝大部分篇幅似在否定。然而细读之后，发现这种否定里面包含了肯定的内容，以抑笔为后文的扬作铺垫，可谓“徐徐落下”，“冉冉升起”，易为读者接受。

寻找失去的个性

福州一中高三　孙韬

向右转，“刷”，整齐划一的一声；稍息，“刷”，又只有一声；立正，“刷”，还只是一声。曾几何时，我为那雄壮的场面，磅礴的气势所折服，然而现在，我不禁要问自己：“你不觉得单调吗?”

诚然，一个军人服从命令听指挥是天职；一支军队就应是一个不折不扣的整体，不然，如何筑得起祖国的“钢铁长城”?

但是，作为一个人，一个家庭，一个企业，乃至一个民族、国家，如果一味地强调共性，而忽视个性的扶植和发展，那么它只能成为一部机器，而绝不会是一个充满活力、有着勃勃生气的有机体。

这样的比喻或许不尽贴切，但“个性”这个平凡的字眼所蕴藏的重要性不是已经为历史所证实，被社会实践所检验过了吗?回顾历史，中国的张衡，一反前人所谓地震不可知的唯心论断，造出了地动仪；伽利略，不顾世人讥谤，以科学实验创立了科学的落体理论。放眼近代，力学奠基者牛顿，发明大王爱迪生，相对论发现者爱因斯坦……或许你要惊呼：“太伟大了，太妙了!”但是，我要说：“太可怕了。”牛顿，英国人；爱迪生，美国人；爱因斯坦，德国人；蒸汽机发明者瓦特，飞机发明者莱特兄弟，还有……在近代，怎么竟无一个是“勤劳、勇敢、充满智慧”的中国人?也许，这正如李政道博士所说的：“中国的科学家往往只做些增补别人做过的事的工作，而少有创新。”

“少有创新?是的，中国人过于讲求共性的发展了。原因固然不少，但主要还是担心“木秀于林，风必摧之。”怕“枪打出头鸟。”没有“推销”自己的勇气。

记得美国一位学者在他的《走向成功》这本书中有这样一段话：“在现代社会里，人人都在推销自己，在工商界，没有推销，就没有企业；对人来讲，不懂推销，就难以出人头地……”“推销自己就是把自己生活、职业、经历以及品格等公之于众的过程，它可以使自己增强自信心，使缺陷得到弥补，使自己的形象日臻完善。大凡有成就之人多具有这种鲜明的个性。如果拿破仑没有“不想当元帅的士兵绝不是一个好士兵”的主张，很难想象他能成为叱咤风云的人物；阿基米德如果没有“给我一个支点，我将移动地球”的气魄，我便会怀疑他能否发现出那震古烁今的杠杆定律和浮力定律。

“推销”自己之所以重要，是因为它一反因循守旧的社会心理和保守落后的思维方向。如果天下一片？万马齐喑”，哪还谈得上人生价值、民族进步和“四化”大业？

诚然，我们提倡“推销”自己，提倡发挥“个性”是立足于为人民服务的基点上，是以实事求是为本的。只有这样，才能使个性的发展沿着康庄大道飞驰；反之，如果钻进一切为我的牛角尖，不实事求是，打肿脸充胖子，那么，你不但“推销”不了自己，反而会毁了自己。

历史的车轮在飞转，鲁迅笔下的“中国一向少有敢于单身鏖战的人”的时代一去不复返了。为“四化”，为中国之崛起，未来的“牛顿、爱迪生、爱因斯坦”们，鼓起勇气，找回失去的个性吧！

〔评析〕 文章先肯定一个基本事实，然后引出论题：不要忽视个性的扶植和发展。接着以大量已为社会所公认的史实证明创新的前提是个性的存在。并由此推论出“推销”自己这发展个性中的重要途径，阐述了推销自己的重要意义和价值。引证得当，有助于论点的丰富。

从“活得太累”说起

北京师院附中高三　万　云

“活得太累！”

这句话在少男少女中很是流行了一阵。在那些多愁善感的中学生看来，应付考试很累，搞好师生关系很累，与朋友相处很累……于是很自然的，“跟着感觉走，活出潇洒来”就成了一句时髦的口号，许多中学生也因此而不知不觉地步入了潇洒的误区：旷课、说脏话、发牢骚、抽烟、喝酒，考试不理想却把手一挥，满不在乎地甩一甩头……其实究竟什么是潇洒，他们未必真正明白。

某些中学生理解的潇洒是随心所欲和彻底逃避。把书本扔在一边，结伴早出晚归，逛商店、看录像、吃夜市、谈论化妆品和影星……这看似潇洒的行动后面隐藏着的，只不过是梦境中的躲避罢了。生活不完美也不轻松，所以摆脱和淡忘一部分是必要的，但是在现代社会里，想要绕过生活的主流是不现实的。我们生活在一个高速发展的时代，我们将成为未来的主人，在时代赋予的重任面前退缩和逃避是可悲的，还有什么“潇洒”可言？

有的人勉强随着伙伴们“潇洒”的原因只是怕被朋友们叹一声“活得累！”其实，潇洒就是自然。不要压抑自己的本性，真实地活着，才是潇洒。什么是“活得累”？自己束缚自己才会“活得累”。记着所认识的每个人的生日，寻思着“有个人时常想你，有个人时常惦念你，那个人就是我”之类的话，那当然累；时刻告诫自己：“对人不可动真情，凡事不过逢场作戏。”这自然也很累。既然“活着累”，就寻梦，就躲避，殊不知，真正的潇洒乃是自然实在地活着。

有的中学生很羡慕女作家三毛的潇洒，认为那种跨越千山万水的生活一定非常惬意。但是三毛本人就曾郑重地告诫青少年不要盲目地模仿她。流浪的艰辛与痛苦是常人难以想象和忍受的，同时她在流浪中对生命的领悟也不是涉世未深的青少年所能感受到的。看来对于流浪的潇洒，不能只看到它那种飘逸的美感，其实这种潇洒也是不容易的啊！

潇洒包含着对生活的理解和征服。“摆脱时能显出胸襟的豁达，执著时更透出对生活的热爱”，这才是潇洒。

〔评析〕　议论文对生活更为直接的参与，因此它要求作者有敏锐的观察力，有独特思维角度。本文比较好地体现了这一要求。“活得太累”的背后，便包含了要从此潇洒了。那么，什么是潇洒呢？包含了对生活的理解和征服。例举中学生较熟悉的三毛，更能真切地揭示潇洒的内涵——“潇洒”也是不容易的。失去个性，便没有生活。我们不难从文中感悟出这一点言外意吧。

笑一笑自己

杭州学军中学高二　王晓林

生活中会有许多使你笑神经兴奋的“笑料”，比如遇到称心的事情，看到幽默的表演，听到风趣的俏皮话，都会使你面露笑容甚至捧腹不已。

笑，易乎其易。笑别人的弱点、缺陷似乎更是某些人的“拿手好戏”。然而，还是睁眼瞧瞧自己，盯着自己的可笑之处哈哈大笑吧！米·普里什文的《大地的眼睛》中有这么一段话：“假如你想笑出眼泪，笑痛肚子，笑倒在地，还是经常笑自己吧。”人，不总是完美；生活，不总是鲜花。不管身处顺境还是逆境，不管自感春风得意还是悲叹失望，记住：笑一笑自己！

笑自己，就是直面自己的短处。多少人，曾经迷惘过、失落过，但却不曾找机会剖析自己，修补自己的生命，那么，也就白白错过了自己。笑自己，不是自卑的同义词，而是自信的显现，最终结果将提高自己，完善自己。而一味躲避自己，最终只落得重病加身，苍老浑噩。

人，不免有幼稚、浅薄的一面，极难能可贵的是能洞悉自己，经常地笑一笑自己。而一旦能够笑自己，品性、修养就能在笑声中得到洗炼与磨砺。“路漫漫其修远兮”，人是在不断认识自己、修葺自己的过程之中走向成熟的。

鲁迅先生有过这样一段话：伟大的心胸，应该表现出这样的气概——用笑脸来迎接悲惨的厄运，用百倍的勇气应付一切不幸。毋庸置疑，这里的笑脸是一种勇气，一种气概。笑自己，又何尝不是一种气质、一种风度、一种广博。它需要的是韧性与涵养。

真正会笑的人乃是笑自己的人。“人不是他所有的一切总和，而是他还没有却可以有的一切总和”。笑一笑自己，不论遇到成功还是挫折，只要你在人生征程上努力不懈、坚持到底，你都将会比别人笑得欢快和坦荡，你所得到的将会使你受益无穷。

笑一笑自己，哪怕是残酷地嘲笑自己。我们是生活在这拥挤不堪的世上的凡俗之人，生命对于每个人来说，都是极宝贵又艰辛的，反不如正视自己，随着愉快的旋律，望着明日的落脚处，一路高歌而去。

〔评析〕 人进入青年后，似乎“笑”得就少了。显然，作者的着眼点并不在于“笑”的现象，而是在于年轻人身上存在的一种弱点：不能直面自己的短处。“笑一笑自己”的含义也就在于此。作者找到了一个很好的议论中心。文章语言生动、有韵味，更有内涵。让人味之不尽。

要战胜自我

天津南开中学高三　魏　莹

孩提时代最大的乐趣是跳皮筋。我最爱跳“马兰花”，因为这首歌又好听又长，跳起来真带劲儿！可是小伙伴们有严格的规矩：不跳完

“小蚂蚁”，不许跳“马兰花”。那繁琐而又单调的“小蚂蚁”哟，一不小心就出错了，更何况我极讨厌，极不情愿于这个步聚。想起来，在小伙伴的歌声中，我实在是没跳过几次“马兰花”。虽然是小事一桩，但在我心中，这永远是一件憾事。

生命中父亲的幽默始终感染着我，给了我无限欢乐。至于教诲，父亲只有一句：“人活一生，就像走一条路——长极了；第一个障碍不是困难，是自己——大极了。”

我曾经百思不得其解，甚至认为那是个不高明的幽默。

每每同龄朋友相聚，总能谈起一个烦恼的话题——“希望”太容易成“泡影”。问自己，莫名其妙；怨困难，满腹牢骚；或迷恋于睡梦酣甜，或兴奋于谈笑风生，或浮于一点荣誉，或沉于一点挫折……

其实这恰恰可以套用父亲的话：想战胜困难，却没能首先战胜自己。

不久以前，美国崛起了一位汽车业巨星——艾柯卡。他曾经是美国福特公司的总经理，依他出众的才华，一度春风得意。然而一夜之间，他被人无端地解雇了，多年交情的老朋友疏远了，妻子心脏病复发，女儿哭着质问……“愤怒之极，艾柯卡只想杀人。”很多人这样设想。但就在这重重困境之中，艾柯卡劈开的，是一条生路——在市场上和亨利·福特苦战一场，在苦战中崛起，在崛起中挽回一切！生命的危险关头，艾柯卡正是由于战胜了自己，在困难面前才显得所向无敌！

冬去春来，大地涂上了一层绿色。那些在土壤中等待多时的草根，又萌发出新芽，向世界展示它们生命不息。我总以为，这不过是一种客观、本能的生命规律，远不足以和顽强的生命力相提并论！小草在寒冬里，有它等待的空间和时间；而艾柯卡在困境中，简直是一无所有。后者比前者所多的，正是一种浩然的气魄，这种气魄远比生命可贵！

对于这个世界，我们只不过是一些匆匆的过客。而对自己，人生则是一段漫长的旅程，是一场拼搏接着一场拼搏。虽然我们不能保证每场都胜券在握，但对自己，当永远保持猛士的气魄！

〔评析〕　生活是一个严厉的老师。不是吗？作者的立意就是来自于孩提时代的课外生活中一角，并以父亲的话来涵盖，使之哲理化。文中确定中心论点：战胜困难，首先战胜自己。作者以例证和喻证来阐述，既确实又形象。把自我放在整个世界里去观照，然后提出劝勉：永远保持猛士的气魄。行文紧凑，说理不枝不蔓。干净利落。

（三）命题试析

《做你自己》

人，要有点个性。“做你自己”是一个普遍关心的话题。立意要抓住“个性”去进行阐述：每个人都是一颗小星星，有自己的位置。宜从比较入手，由浅入深地展开。

《青春的断想》

既为“断想”，应着重写感触。“青春”则限定了断想的范围：什么才是青春的价值？什么才是青春的特征，怎样拥有真正的青春，等等，宜用散文化的笔调去表现内心。可以喻证，用形象化的语言去表现所感所思。

（四）名篇欣赏

简　单

三　毛

许多时候，我们早已不去回想，当每一个人来到地球上时，只是一个赤裸的婴儿，除了躯体和灵魂，上苍没有让人类带来什么身外之物。

等到有一天，人去了，去的仍是来的样子，空空如也。这只是样子而已。事实上，死去的人，在世上总也留下了一些东西，有形的，无形的，充斥着这本来已是拥挤的空间。

曾几何时，我们不再是婴儿，那份记忆也遥远得如同前生。回首看一看，我们普普通通地活了半生，周围已引出了多少牵绊，伸手所及，又有多少带不去的东西成了生活的一部分，缺了它们，日子便不完整。

许多人说，身体形式都不重要，境由心造，一念之间可以一花一世界，一沙一天堂。

这是不错的，可是在我们那么复杂拥挤的环境里，你的心灵看见过花吧？只一朵，你看见过吗？我问你的，只是一朵简单的非洲菊，你看见过吗？我甚而不问你玫瑰。

不了，我们不再谈沙和花朵，简单的东西是最不易看见的，那么我们只看看复杂的吧！

唉，连这个，我也不想提笔写了。

在这样的时代里，人们崇拜神童，没有童年的儿童，才进得了那窄门。

人类往往少年老成，青年迷茫，中年喜欢将别人的成就与自己相比较，因而觉得受挫，好不容易活到老年仍是一个没有成长的笨孩子。我们一直粗糙地活着，而人的一生，便也这样过去了。

我们一生复杂，一生追求，总觉得幸福遥不可企及。不知那朵花啊，那粒小小的沙子，便在你的窗台上。你那么无事忙，当然看不见了。

对于复杂的生活，人们怨天怨地，却不肯简化。心为形役也是自然，哪一种形又使人的心被役得更自由呢?

我们不肯放弃，我们忙了自己，还去忙别人。过分的关心，便是多管闲事，当别人拒绝我们的时候，我们受了伤害，却不知这份没趣，实在是自找的。

对于这样的生活，我们往往找到一个美丽的代名词，叫做“深刻”。

简单的人，社会也有一个形容词，说他们是笨的。一切单纯的东西，都成了不好的。

恰好我又远离了家国，到大西洋的海岛上来过一个笨人的日子，就如过去许多年的日子一样。

在这儿，没有大鱼大肉，没有争名夺利，没有过分的情，没有载不动的愁，没有口舌是非，更没有解不开的结。

也许有其他的笨人，比我笨得复杂的，会说：你是幸运的，不是每个人都有一片大西洋的岛屿。唉，你要来吗？你忘了自己窗台上的那朵花了。怎么老是看不见呢?

你不带花来，这儿仍是什么也没有的。你又何必来？你的花不在这里，你的窗，在你心里，不在大西洋啊!

一个生命，不止是有了太阳、空气、水便能安然地生存，那只是最基本的。求生的欲望其实单纯，可是我们是人类，是一种贪得无厌的生物，在解决了饥饿之后，我们要求进步，有了进步之后，要求更进步，有了物质的享受之后，又要求精神的提升，我们追求幸福、快乐、和谐、富有、健康，甚而永生。

最初的人类如同地球上漫游野地的其他动物，在大自然现象的环境里辛苦挣扎，只求存活。而后因为自然地发展，使他们组成了部落，成立了家庭。多少万年之后，国与国之间划清了界限，民与民之间，忘了彼此都只不过是人类的。

邻居和自己之间，筑起了高墙，我们居住在他人看不见的屋顶和墙内，才感到安全自在。

人又耐不住寂寞，不可能离群索居，于是我们需要社会，需要其他的人和物来建立自己的生命。我们不肯节制，不懂收敛，泛滥情感，复杂生活起居。到头来，“成功”只是“拥有”的代名词。我们变得沉重，因为担负得太多，不敢放下。

当婴儿离开母体时，象征着一个躯体的成熟。可是婴儿不知道，他因为脱离了温暖潮湿的子宫觉得惧怕，接着大哭。人与人的分离，是自然现象，可是我们不愿。

我们由人而来，便喜欢再回到人群里去。明知生是个体，死是个体，但是我们不肯探索自己本身的价值，我们过分看重他人在自己生命里的参与。于是，孤独不再美好，失去了他人，我们惶惑不安。

其实，这也是自然。

于是，人类顺其自然的受捆绑，衣食住行永无宁日的复杂，人际关系日复一日的纠缠，头脑越变越大，四肢越来越退化，健康丧失，心灵蒙尘。快乐，只是国王的新衣，只有聪明的人才看得见。

童话里，不是每个人都看见了那件新衣，足除了一个说真话的小孩子。

我们不再怀念稻米单纯的丰美，也不认识蔬菜的清香。我们不知四肢是用来活动的，也不明白，穿衣服只是使我们免于受冻。

灵魂，在这一切的拘束下，不再明净。感官，退化到只有五种。如果有一个人，能够感应到其他的人已经麻木的自然现象，其他的人不但不信，而且好笑。

每一个人都说，在这个时代里，我们不再自然。每一个人又说，我们要求的只是那一点心灵的舒服，对于生命，要求的并不高。

这是，我们同时想摘星。我们不肯舍下那么重的负担，便是住在一颗星球上，为何看不见它的光芒呢？

这里，对于一个简单的笨人，是合适的。对不简单的笨人，就不好了。

我只是返璞归真，感到的，也只是早晨醒来时没有那么深的计算和迷茫。

我不吃油腻的东西，我不过饱，这使我的身体清洁。我不做不可及的梦，这使我的睡眠安恬。我不穿高跟鞋折磨我的脚，这使我的步子更加悠闲安稳。我不跟潮流走，这使我的衣服永远长新，我不耻于活动四肢，这使我健康敏捷。

我避开无事时过分热络的友谊，这使我少此负担和承诺。我不多说无谓的闲言，这使我觉得清畅。我尽可能不去缅怀往事，因为来时的路不可能回头。我当心地去爱别人，因为比较不会泛滥。我爱哭的时候便哭，想笑的时候便笑，只要这一切出于自然。

我不求深刻，只求简单。

成长·环境篇

（一）立意指南

“风雨中这点痛算什么”

我们说，人是社会的人，是大海中之一粟，因此，人一来到这个世界就不可避免地和他周围的环境发生千丝万缕的联系。可是芸芸众生都坚信一条：环境对人的发展有决定性作用。于是，谁都渴望有个好环境，稍有不顺便想换个环境。

这没有什么不对。“蓬生麻中，不扶而直。”条件好一点，环境好一点，对我们的发展固然有很大的帮助。但是，环境再强大也只是客观因素，是外因，它无法代替人的主观意志，更无法左右人的行为。外因总是通过内因才起作用的。

莎士比亚曾作如斯说法：风平浪静时，轻如一叶的小舟便敢在海面上行驶，敢和大船并驾，甚至赶超。但一旦风吼浪作时，那大船如天马般疾进，小舟却躲进港湾或葬身海腹。人生没有永远的顺风船。人生里有价值的事并不是人生的美丽，而是人生的酸苦。所谓“有钱难买幼时贫”，便是深刻地揭示了酸苦的内涵。

大荫下的树成不了材，没有冲击的水流没有生机。流水只有在遇到抵触的地方，才把它的活力解散。小树只有冲破荫底才能拥抱阳光，茁壮成长。稍有一点不顺心难遂愿，便“痛苦痛悲痛恨痛心”地叫，便“生不逢时”地喊，想想屈原吧：举世皆浊唯我独清。这是需要勇气的，需要意志的。是燧石，无论怎样翻滚打击，始终能发出火星。

人常言：在逆境里比顺境里更能坚持不懈；遭厄运时比交好运时容易保全身心。自古雄才多磨砺，从来纨裤少伟男。这不单是说说的，而是有许多“雄才”实践过的真理。

既然，时代选择了我们，那就坚韧不拔地去争取。对于他人，我们也是环境。好环境靠每个人去创造的。

在进取中，遇到挫折的人，我们只想对他说一句：

“风雨中这点痛算什么？”

（二）习作选评

好学与成才

北京景山学校高中　俞　明

清朝人彭端淑曾在《为学》一文中说：“人之为学有难易乎？学之，则难者亦易矣；不学，则易者亦难矣。”对于一个人来说，不管他处于什么样的环境中，只要他有孜孜以求的学习态度，持之以恒的学习精神，那么他就有获得成功的希望。

我们常常羡慕那些名人和伟人。羡慕他们展现在人前的一身光彩和荣耀，羡慕围绕在他们身边的无数鲜花与掌声。然而，又有谁能知晓，在他们成功的背后，包含着多少奋斗的心血与汗水呢？

英国文学史上批判现实主义的创始人、伟大的作家狄更斯幼年家境贫苦，12 岁时不得不终止学业，到鞋油作坊去做童工。然而，就在这样的环境中，他仍不断学习，从周围的人群中汲取丰富的生活素材。等到后来他开始写作生涯时，仍然不管刮风下雨，每天到街头去观察、谛听，记录行人的零言碎语。正因为他如此执著地学习、体验，他的作品才能深刻地揭露社会的黑暗，才能表现出他对劳苦大众的深切同情和热爱。他的名作《雾都孤儿》、《孤星血泪》、《双城记》、《艰难时世》等至今仍在西方文学史上享有崇高地位。马克思曾把狄更斯和其他几位作家称为“现代英国的一批杰出的小说家。”如果没有他少年时强烈的求知欲，没有他在逆境中的勤学不辍，他怎么会有如此之大的成就呢？

宋代文学家王安石所写的《伤仲永》一文中，曾写了一个天资聪颖的孩子仲永。他 5 岁时便显出过人的天赋，信口就能吟诗，受到邻里们的称赞。他的父亲因此带着他到处炫耀，却不让他继续求学。等长到少年之时，他再也显露不出幼年的过人才华，只不过“泯然众人矣。”天才，并不是从天上掉下来的。没有勤奋好学不断进取的精神，即使有再高天赋的人，也不会成功的。仲永虽然天资聪颖，但是光有天资是不够的，他没有发挥自己的天资，继续努力学习，怎能不“泯然众人”呢？

我们常常听到有人憧憬成名的欢乐，却又抱怨学习的枯燥无味。然而，若没有今天脚踏实地的勤奋学习，又焉能有未来的锦绣前程呢？毕竟，我们生活在现实中，成功不是做梦做出来的。没有耕耘，何来收获？如果没有不懈的努力，再美好的憧憬也只是可望而不可及的海市蜃楼。

对于时间来说，生命太短促；对于宇宙来说，人类太渺小。就在这样有限的生命里，我们怎能不刻苦学习，以求早日成才呢？我们的国家还不富强，我们的科学技术还不发达，作为国家和人民的希望，我们应该意识到肩上的担子有多么重。没有平时一点一滴的努力，成才只能是一句空谈。“宝剑锋从磨砺出，梅花香自苦寒来”说的就是这个道理呀！

〔评析〕　文章抓住“好学”展开议论，中心明确，非常中肯地指出了无论处在怎样的环境里，只要孜孜不倦地学习，那么就有成功的希望。引证得当，例证有正有反，说服力强，都恰到好处地阐明“好学”这种主观因素才是成才的关键：狄更斯的成功说明勤学不辍；仲永的故事则说明天资不是成才的关键。从而将问题上升到人生大问题上去思考，具有深刻性。

成才的启示

福州一中高二　陈秀忠

浩如烟云的人类历史长河中，涌现了多少彪炳青史的人杰圣哲，人们都冠以人才的称谓，都艳羡他们的成功。谁不想成才，做一个对社会发展、历史进步起促进作用的人，谁不想在人类的史册上也留下光辉的一笔？

成才者的成绩是炫人的，然而，成才的路却是一条坎坷的充满荆棘的艰难之路。

成才，要具备许多的条件。大致分为主观条件和客观条件。

客观条件是成才的催化剂，常起着重要的辅助作用。人们常说成才者天资聪颖，机遇垂青。是的，天资、机遇对于成才来说，固然重要，但那只是客观条件，并不起决定作用。当年王安石笔下的方仲永，少时就表现出非凡的天赋，可惜的是他缺乏后天的努力，终究造成一生的遗憾。比如一块埋藏在地下的宝石，你要发现它，要有机遇，但首先你必须是个探索者、开拓者，你若是懒惰的人，即使宝藏在脚下，也挖掘不到。成才者的高明之处，就在于机遇到来之时，能充分地表现自己的才能，从某种意义上说，这是长期积累不懈努力的必然结果。毛遂如果没有本领，不能对天下形势了如指掌，没有娴熟的政治外交斗争艺术，即使机遇到了，他又怎敢自荐呢？又凭什么表现自己的才华呢？

人们还常认为环境是造就人才的重要因素，这也很偏颇。人们同处一种环境，然而结果往往是大不一样，真正能够成才的还是少数，尤其是在顺境的情况下，人容易因此沉沦的也大有人在。可见，无论多么优越的制度，多么好的客观条件，都不能代替个人的勤奋努力。朝着一个目标，数十年如一日奋发进取，非有坚强的毅力不可，所以成才是不容易的。

主观的勤奋努力，可以使自己处在最佳的“竞技状态”，可以弥补先天的不足。爱迪生小时候被人们说成“傻瓜”，正是他后天的努力，终于成为发明大王。海伦·凯勒生下来不久便失明、失聪，遭受了人生最不幸的厄运，可是她不甘沉沦，不甘寂寞，以令常人难以想象的毅力，勤奋地拼搏进取，成了一位举世闻名的作家。由此证明，勤奋是改变人的天赋，战胜逆境最好的方法。

对于今天的中学生来说，我们拥有如此良好的环境，我们又处在生命的春天，我们不能以自己天分不高、资质平平为借口而放松对自己的要求。成才并非高不可攀，只要智力正常，只要我们不懈努力，踏实进取，终究能成为社会所需要的各种人才。

最后让我们引一段名言与大家共勉；“倘若希望在金色的秋天获得果实，那么在寒意侵人的早春，就该卷起裤腿，去不懈地拓荒、播种、耕耘，直到收获的那一天。”

〔评析〕　“成才的启示”是什么？作者很冷静地分析了主客观两方面的启示。先客观因素的分析，反正人们头脑中的一种较普遍又偏狭的认识：客观条件只是辅助作用。然后再从主观入手，强调其主要作用，并直接以中学生作对象，更切合实际。结尾很新颖，以一句名言收束，既警策，又给人以思考的余地。

也谈“逆境出人才”

苏州中学高二　王　一

人的一生，不可能总是一帆风顺的。在生活中，学习中总不免出现这样那样不顺利的境遇，或被伤病困扰，或受生活磨难，这就是所谓的逆境。

古往今来，人们大都赞同逆境可以造就人才。的确，艰难困苦的环境，坎坷不平的经历，能够磨砺人的品格，锻炼人的意志，激发人的创造力，有时确能使人做出不同凡响的成绩来。“文王拘而演《周易》；仲尼厄而作《春秋》；屈原放逐，乃赋《离骚》；左丘失明，厥有《国语》；……”说的也都是先贤圣哲们身处逆境，有所“郁结”而发奋著述，终于书传后世，名垂青史。可是，有的人却把“逆境”看做是“出人才”的必不可少的条件，还唉叹自己生不逢时。

其实，逆境在有的时候，有的地方，倒是阻碍了更多的人成才，至少也是阻碍了他们发挥更大的才能，做出更大的成绩。有时，这并不是因为人们在逆境中主观不努力而造成的，而是因为客观条件实在是太恶劣了，阻力实在是太大了。相反，顺利的境遇，即顺境，则可以提供让人发展、成才的良好条件，使更多的人成才。

我们熟知的西汉史学家司马迁，身受腐刑，处境艰难，但他把痛苦置之度外，竭其全力，完成了五十二万字的伟大著作《史记》，这也许可以说是逆境中成才的一个例子。但试想，如果司马迁身处顺境，担任太史令，有更好的博览群书，搜集史料的条件，那么他或许就能够作出更大的成就，写出比《史记》更为杰出的鸿篇巨制、传世之作来吧？诚然，这仍然是要以具备“重于泰山之志”这一主观条件为前提的。否则，无论是顺境还是逆境，都将一事无成。

假如只有逆境才能出人才的观点可以成立的话，那么国家花费那么多资金、建立那么多设备精良、条件优越的科研单位干什么呢？现在，我们讲改善知识分子待遇，我看，照上面的观点，何必去改善呢？逆境出人才嘛！让我们再回过去想一想，对于那些在逆境中成才的人，人们除了赞扬他们取得的成绩之外，更多的往往是称道他们在逆境中能作出比一般情况下多几倍、几十倍的努力，战胜种种不利因素而走上成才之路的拼劲和韧劲。这不也从另一个角度证明了逆境中需要付出更大的代价，阻碍了人才的脱颖而出吗？

所以，我认为：逆境能造就人才，但是，顺境提供的比逆境优越得多的客观条件，促成了更多成才的机会。作为成才的一个重要客观条件，我们应该说：顺境更有助于出人才。

珍惜啊，人们！当你处在顺境中时。

〔评析〕 文题中“也谈”就明确了本文的针对性。文章从阐释落笔，开头有新意。行文在先肯定一个基本认识上，逐渐地亮出“也谈”的核心：顺境更有助于出人才。通览全文，作者无意于唱反调，而是在提醒似强调：不要误解或曲解逆境出人才，即出人才须是逆境。分析头头是道，且很冷静。结尾水到渠成。

环境与成才

北京师院附中高二　文　华

有的人认为逆境出人才，抱怨生活太平淡，环境太舒适，缺乏促发自己前进的动力；也有人认为顺境出人才，感叹自己不逢时，条件太差，时运不佳。在他们看来，客观条件对成才起着决定的作用。

逆境，可以磨练人的意志，使强者更强，然而它也能摧毁弱者的精神支柱，使之更加萎靡不振。如果说身处逆境就能成才的话，那么所有的残疾者都应首先成为人才，或者说十年文化大革命的动乱把中国十亿人民都造就成了人才，这显然是荒谬的。事实是，身残志不残的成才者仍是少数，而且十年的动荡埋没甚至整死了大批优秀的人才。显然，那种认为只有逆境才是通向成才的捷径的看法是错误的。

既然逆境不一定造就人才，那么顺境自然是通向成功的一座金桥了？诚然，优越的条件能为我们创造更多成才的机会，良好的环境也必将对一个人的成长产生不可忽视的影响。因为物质是第一性的，人的精神毕竟是第二性的，它总要或多或少地依赖于它所生存的客观环境。但是，这绝不意味着，只要身处顺境便能成才。那些意志薄弱者，沉溺于优越的环境中，得过且过，不思进取，最终必然是一事无成。正如个别高干子女，他们不是利用自己优势的环境奋发努力，而是完全依赖于环境，苟且偷生；有的人还依仗父母的权势为非作歹，一味谋求更安逸奢侈的生活，甚至走向犯罪的深渊。然而谁能否认，酿成如此苦果的恰恰就是他们引以为荣、并为众人所羡慕的“顺境”呢。写到这里，我不由为那些顺境成才论的信仰者感叹一声：顺境也不一定能成才啊！

逆境、顺境都不是成才的必要条件，可是无论逆境中还是顺境中，都有身为众人仰慕的成功者，他们之所以成才的原因是什么？他们的共同点在哪里？让我们来好好看一看：逆境中的强者们，自强不息，凭着坚韧不拔的意志战胜一切困难；顺境中的佼佼者，成功之路上也无一不撒满了辛勤的汗水，留下了勤奋钻研、苦练的足迹。看看张海迪屋中成堆的书，看看陈景润脚下成摞的算草纸，再看看运动员们脸上成串的汗水，我们得到的已经是不容置疑的答案：环境的好坏不能左右人的命运，真正成才的唯一诀窍在于自己主观努力的程度。正如爱迪生所说：“成功等于百分之一的灵感加上百分之九十九的汗水”，爱因斯坦所说：“成功等于艰苦劳动，加正确方法，加少说空话。”不管附加的是什么，最主要的都是主观努力。

如果有人对这一结论仍旧将信将疑，那么再让我们一起看看辩证唯物主义哲学的一个基本理论：外因是变化的条件，内因是变化的根据，外因通过内因起作用。它进一步向我们证明了：不管客观条件如何，起决定作用的终究是我们自己。

那么，那些满腹牢骚的朋友们，还有什么理由一味埋怨周围的环境呢？现在唯一可以做的一件事只能是：向着目标，开始进行艰苦、长期的奋斗！

〔评析〕　本文论点的提出从行文看，是深思熟虑过的。作者在“逆境论”者和“顺境论”者之间选择了一个议论角度，在分析论证的过程中确立自己的见解：环境的好坏不能左右人的命运，真正成才的唯一诀窍在于自己主观努力的程度，并且佐之以辩证唯物主义的一个基本理论，这就使立论更科学化。结尾很实际，也很中肯。

生活告诉我

天津南开中学高三　王　河

“三·六”杯足球赛结束了，我们班——人们看好的冠军不幸地输了。失利的原因很多，其中也包括了队员的受伤，裁判的“误判”，但，我们毕竟是输了。

这次失利使我继物理竞赛后又一次尝到了失败的滋味，说起那种滋味也是奇特：脑中空空，心中总觉失落了什么，和同学也能说笑两句，到家也能抛开一切蒙头大睡。可转天，自己独处一室，坐在椅上仰视屋顶，此时失败的沉痛才真正袭来。回想当初为达到目标的那份勤奋，那份期待，那份痴想，不免黯然神伤……不久便又想开了去，慨叹：这就是生活！

是啊，这就是生活，一个盛有苦、辣、酸、甜、咸的五味瓶。

我生活了十八年，这十八个春秋当然算不上饱经沧桑，却也可说是风风雨雨，十八年的经历和所见所闻告诉我：不要怕失败，要正视它，反思它，利用它，以至最终胜利。

失败是客观存在的，任何人都会有。当然，也有些人能从小到大一帆风顺，但是我们说，他的生活是不充实的，起码是不完全的。因为从某种意义上讲，失败也是一种财富，正如不上山不知山峻高，不下海不知海浩瀚，不经失败又怎算过过真正的生活？体味过真正胜利的快乐？

害怕失败，症结在于“怕”。记得我们曾学过一篇《曹刿论战》，其中的“夫战，勇气也。一鼓作气，再而衰，三而竭。”道明了勇气在两军对战中的重要性。同样，和失败“交锋”也需勇气，如你未曾出击锐气先失，怎能成功？

失败不是绝对的，失败的同时也会有所得。不是吗，物理竞赛的准备使我的知识得到了充实和拓宽，使我渐渐能以科学的观点来观察事物，解释现象，同时也看到了自己的不足。而那场足球比赛使我从同学那无言的安慰中感到了友情的温暖，感到了同学间心与心距离的接近。我想，这得到的已算不少。

对待失败，蒙目是不理智，回避是不现实，那么我们就应挺起胸膛去迎接它，反思它。刀刃在砺石上每一次的磨砺都是一次锋利的再现，都是一次披荆斩棘的准备。

对失败要反思，这并不等于沉溺于斯。失败所给予人们的不仅仅是痛苦，它还包含了许多成功的信息，但这些深埋于失败征尘中的信息，需要一把剖析、探索、进击之剑才能发掘。仗此剑转败为胜者不少，譬如爱迪生、华罗庚、凯库勒……在此不想赘述。另外，由于我们不可能完全保证所定目标的正确性和可行性，所以对于失败的反思还有助于我们修正路标或另辟成功之路。

朋友，作为一个豪情满怀的热血青年，一个未来时代大潮的“弄潮儿”，何必因失败而苦恼甚至消沉！跌倒了，那就再爬起来！“江东才子多英俊，卷土重来未可知”！踏尽失败之险，终归成功之途。

清晨，天边红了，但你仍未看见它——尽管它跳出了地平线。是山，是高楼延缓了它的出世，这终究是暂时的，不久，一轮光辉绚丽的，红的，新的旭日定会跃入你的眼帘。

这就是生活所告诉我的。

〔评析〕“生活告诉我”什么？是如何面对挫败。作者很隐含地道出了环境与成才的关系。作者立足于生活实际，既有集体的事例，又有个人的感性认识，处处围绕生活去进行感受性说理，增添了文章的真切感。文章的语言比较生动，这方面，是议论写作的一个好典范。

“失败”浅谈

北大附中高二　何　宁

爱因斯坦是世界闻名的物理学家，关于他对物理学的许多贡献几乎家喻户晓，然而关于《第三只小板凳》的故事讲的却是他小时候的一次失败。在这里值得赞赏的并不是那三只丑陋的小板凳，而是小爱因斯坦的那句话：“虽然，它还不能使人满意，但总比这两只强些。”他并不以失败为耻，而是勇敢地面对它。他也许始终不能做成一只漂亮的小板凳，但假若他没有这份勇气，我想他是决不可能做出后来的那番伟业的。

其实失败并不可怕，难于战胜的倒是人们自己的胆怯与懦弱。在失败面前止步、气馁的人是不可救药的失败主义者。只有在失败时保持清醒的头脑和饱满的自信，勇于迎着困难和挫折向着最终的目标努力，才可能享受到真正的奋斗的乐趣。

古今中外，这样的例子举不胜举。华佗、拿破仑都是经过了无数次失败才最终取得了成功。有识之士会为他们最终的成功而肯定他们曾经历过的失败。然而，我以为支持他们在一次次失败的打击中坚定不移的，并不是成功后的名利、地位，更不是流芳百世的梦想，而是信念和勇气；幸福也决不仅仅是沉浸在庆功的美酒里，而是蕴含在失败的苦闷和不懈奋斗的汗水中。为此，我将更赞赏那些至今没有结束，甚至永远也不会有辉煌结果的失败。因为命运之神毕竟是吝啬的，它给予人们成功的机会微乎其微，人类的许多重大成功正是建筑在无数追求者以毕生心血为代价的失败上的，也因为失败的不断产生，恰恰是生活的实际，而这也正意味着永不停息的努力。

我认识一个同学，她曾经是业余体校花样游泳队的队员。花样游泳这个项目在我国起步晚，水平低，欲奋起直追，困难重重，况且她本人的身体条件也并非最佳，应当说“当世界冠军”对于她几乎是异想天开。然而她不仅大胆地去想了，而且也为此付出了汗水。她的训练场不但在游泳馆里，还在卧室中和学校操场上……可在坚持了五年之后，游泳队却因故解散了。等待她的是冷嘲热讽和善意的规劝：“别做‘冠军梦’了，死了这条心吧!”“还是安安分分地把学习搞好，别再胡思乱想了。”……但她并不就此灰心，仍然利用假期顽强训练，她说：“即使不能成为职业运动员，我也要当一名体育新闻记者，把国外先进的训练方法‘偷’回来……”她的外貌极其平常，才能也并不出众。但我从她身上看到了耀目的光彩，我的心被她深深地震动了：失败对某些人意味着无边的痛楚；然而对于她，却是更坚定的信念和更执著的进取。

也许有人会说：“失败是成功之母嘛。”然而假如像上面那位同学那样，失败一次次降临，而始终找不到成功的机遇，那又该怎么办?“我并不在乎胜败，只要我付出了最大的努力，那么我就是成功者。”她的回答明白如鉴，我痛苦地发现了自己平时的虚荣和脆弱……

当然，我并不主张在失败面前不管三七二十一地乱撞，这种人只是有勇无谋的莽夫。有远大志向的人之所以能在失败面前保持冷静和自信，是因为他们明白失败是成功者的必经之路。因此也只有他们能理智地吸取教训，从而义无返顾地一步一个脚印地向着最终的目标迈进。这些人也往往具有博大的胸襟，他们的奋斗不是为了个人的名利地位，而是为了向自己所忠实的事业奉献上一份微薄的力量。他们相信，自己的失败与挫折，必然成为整个事业成功的奠基石。正是由于这种伟大精神力量的支持，他们才能以惊人的毅力毫不动摇地迎接着一次又一次的沉重打击。

美国一位大富翁有个口头禅：“不管结果如何。”这大概正是他事业成功的秘诀。那么我想“一往无前”也正是每个有志者对待生活所必备的正确态度。来吧，不必犹豫，不要彷徨，“人生能有几回搏?”让我们为着人类的最终成功，含着自信的微笑，迈着坚实的步伐，迎着失败与挫折的恶浪勇敢向前——那铿锵的脚步声中正蕴含着无穷的生活乐趣。

〔评析〕 失败是个比较深刻的问题。如何面对失败，如何去认识失败，却是较具体并且也很实际的问题。本文就是从“不管结果如何”这个角度着眼去谈失败的。在众多的谈失败的文章中显示了作者自己独特的思考。从事实中引发观点，又以事实作为论据，有近有远，有深有浅，使立论更为迫切，说理也更实事求是。

信心辨

苏州中学科大少年预备班 周凌翔

1988年9月28日无疑是美国男子篮球队历史上最为耻辱的一天。就在这一天，这支在十次奥运会比赛中夺得九块金牌的赫赫强旅，居然在半决赛中败在了受伤的萨博尼斯率领的苏联队手下，被挤下了领奖台的最高两层。

这个“冷门”仿佛在前一天便有了预演：中国女排同样在半决赛中，仅仅53分钟，便以零比三输给了预赛中表现平平的苏联队，其中包括一个零比十五。

美国队员神情沮丧，而中国人则像挨了闷棍。

这些强队的信心哪里去了？

答案却先从地球那一面的卡纳维拉尔角传来了：美国“发现者”号航天飞机从三十二个月前失事的“挑战者”号的灰烬中重新飞起，把美国的航天事业从逆境中拯救了出来。为了确保这次发射，美国人耗资几十亿，改进了技术，采取了许多慎而又慎的安全措施，才迈出那重振宇航事业的关键一步。

仿佛“发现者”一升空，被“挑战者”毁掉的美国人的信心便回来了。当天晚上，怒气冲天的美国男篮便把澳大利亚队打得落花流水，以78∶49大胜。

中国女排也似从恶梦中惊醒，重新捡起了“拼搏”，在铜牌争夺战中打了一场近年来少有的好球，在56分钟内就以三比零战胜劲敌日本队。主教练李耀先称：这场比赛前的一场训练，是他执掌帅印以来所见到的最认真的一次。

可见，信心是“输”出来的！

倘若不输，美国男篮可能已经吊儿郎当地拿了金牌；倘若不输，中国女排也许已经侥幸地拿了“六连冠”；倘若“挑战者”不爆炸，那么

“发现”号可能已经爆炸了！因为事物的发展都有它的两面性。

胜利并不都是好事。失利却能唤起百倍的勇气和信心。

“失败乃成功之母”。

鼓足信心看着远处吧。在旭日初起的东方地平线上，胜利者和失败者同样都是开始。

〔**评析**〕　文章从两个较为典型的事实中提出问题：信心哪里去了？紧接用一个颇为有说服力的事例正面告诉人们：在灰烬中重新起飞的可能性。于是又回到前两个事实，以它们的自身的结果去证实，信心是“输“出来的。文章没有过多的议论，基本上立足于对材料本身的现象到本质的分析和挖掘，结构完整且严密，论证又是非常充实的。

（三）命题试析

《我们的价值在中国》

身为中华民族的炎黄子孙，他的土壤在中国，一方水土养一方人。离开了中国，即使成了才，其价值何以体现呢？宜破立结合，宜从现象分析入手，提出正面观点：我们的价值在中国，我们在中国照样能成才。

《应该正确对待……》

这是给我们以自由选论的命题。补足宾语后即是本文中心论点。以为什么应该正确对待为主论。可从批判错误做法中引出正面观点。宜用引证法、反证法。

（四）名篇欣赏

成功不是偶然·失败不是命运

罗 兰

我们常说："某人的成功不是偶然的"。意思是说：这其中包含着有志气，有决心，有毅力，有善于捕捉时机的智慧，有创造时机、操纵环境的才干等等。

真正的成功决不是侥幸可以得到的。也就因为这个缘故，我们可以相信，失败也决不是命运。有许多人把自己的失败归罪于命运，其实，如果我们肯冷静地观察，就可发现，命运还是操纵在自己手里。坚强的人不会因为环境的不利就消失了斗志，只有那些优柔寡断的人，才在外力的阻挡之下低头退缩，改变了自己的志愿。

朋友！你也看到过在外力阻挡之下消失了斗志的人吗？你不觉得那是很可惜的吗?!

我们常看见有一些人，他们有天赋的聪明和才气。在我们看来，他是可能有点成就的，他自已当初也以为是可以有点成就的。可是到了后来，其中有的人青云直上，发挥了自己的专长，而有的人却在生活的琐碎项目中消失了。

"为什么?"我常常这样问，于是，我去发掘其中的原因。

我发现许多人都是太懒散，他们以为来日方长，反正有的是时间，加上自己的聪明才智，总不会不成功的。可是，懒散会成为习惯，他们慢慢地安于懒散逸乐的生活，而他们的那点可贵的天赋就在弃置不用之下生锈或发霉了。当别人还不免为他可惜的时候，他自己却早已忘记自己是可能有所成就的了。

有些人辜负了他自己优越的天赋，是因为他太聪明。他看不起埋头苦干的人，笑那些想走上成功之路的人们是傻瓜。

你也看到过笑人们是傻瓜的聪明人吗？在这些聪明人的脑子里想来：一样的拿薪水，一样的吃饭穿衣，娶妻生子，少付出一些力气，老板也不会骂我，更不会开除我，你们那样兢兢业业，又是何苦来呢？可是，他不知道，我们对上司交待容易，维持生活也绝不困难，而怎样才能向自己的生命交待，才是我们一生中最大的责任和最大的课题。

我常听见一些命苦的老太太们，自言自语地叹息着自己“枉来一世”，我觉得那真是人间最沉痛的叹息了！朋友，我们也愿意做一个挣钱吃饭、以终天年的、辛苦而又简单的生物吗？还是想要在生命中找出一点比较鲜明的意义来呢？

有些人越走离他的目标越远，是因为他的舵把不稳，所以只能随着潮水的冲击，跟着风向的吹动，忽东忽西，忽前忽后。他没有坚决朝向自己目标进行的魄力，一生在迁就环境。结果，他就被环境淹没、沉落下去了！你说，这不也是一个悲剧吗？可是，我们随处都可以见到有人做这种悲剧的主角。

不要做聪明的傻瓜！在一部美国西部电影里，有一句对白说“苦干近乎愚蠢，”可是，到后来证明，只有近乎愚蠢的苦干的人，才能拯救他们自己和别人。假如你有聪明的天赋，我奉劝你千万找到那点近乎愚蠢的干劲。

只有傻干、苦练的人才可以真正显出他的聪明。也只有时常笑骂别人“傻瓜”的聪明人，才是真正的傻瓜。

国语流行歌曲中，曾有过一首很受欢迎的“真善美”。那首歌词很动人，好像是一个历尽艰难的艺术家用沉痛的笔调写出来的一片心声。其中有几句，颇为语重心长：

“多少因循，多少苦闷，多少徘徊，换几个真善美！

多少牺牲，多少埋没，多少残毁，剩几个真善美！”

真、善和美，是构成艺术品的主要条件，也是一切成就的主要条件。人们想要有所成就的话，一定要在途中一样一样地克服那些因循、那些苦闷、那些徘徊瞻顾，才能避免被牺牲，避免被埋没，才不致于中途残毁。能以自己的毅力，把握方向，渡过这些难关的，才是剩下来的硕果。任何成就都是要饱经挫败，历尽风霜的。

成功不是偶然的，失败也不能全怨命运。

你想要的，上帝自会给你，只要你说得明白。

交友·待人篇

（一）立意指南

生活在同一土地上

有首歌这么唱道："请把我的歌带回你的家，请把你的微笑留下。"多么美妙、多么善良、多么真切的呼唤。这是心的呼唤，这是爱的奉献，这是生命的源泉，人类的大厦，就是靠这种奉献，这种力量去建构的。

我们生活在同一土地上。天地本来就很小，如果每个人都能有一种无私的投入，真心的融汇，那么这个天地就越来越开阔，这股源泉就越来越丰富。歌德说："爱，是真正促使人复苏的动力。"我们也可以亮亮地说："只有友谊才能真正认识我们自身价值的全面。"我们虽然不能代办他人的生命，但我们可以丰富他人的生命。

谁的生活中没有困惑？谁的处世中没有矛盾？谁的心里没有沟壑？小朋友间的一点误会，同事间的一些猜疑，同学间的一场争执，邻里间的一次口角……靠什么去冰释？当我们置身其中时，我们的心灵多么渴望融洽，多么向往和谐呢！我们每逢此时，总被那暖暖的暗示、无声的谅解、宽宏的微笑、善良的规劝把一个心抬得高高的、乐乐的、甜甜的。我们从中发现自己对于他人是多么重要，他人对自己又多么的必需啊。当他人需要你时，就应伸出手去，为生活之舟摆渡，为理想之舟摆渡，让欢乐和希望能在迷乱和困厄中达到美丽的彼岸。

生活在同一土地上，这就要求我们和不同类型不同层次的人交朋友，要求我们以"仁、义、礼、智、信"去待人接物，多一个朋友总比多一个敌人要好，时刻注意言谈举止的修养，这才是一个人真正风度的体现，才是自爱与爱人的具体落实。精神贫乏的人可能视之单调，空乏，对于生活极其丰富的人来说，是多么充实多么深刻的生活。"我为人人，人人为我"，共享欢乐，共担艰难，才是正常友谊中的趣味。

友情不是瞬息的澎湃，而是淡淡的清泉，微微细细渗透每个人的心田。惟其淡，才不腻，才会甘之若饴；惟其细，才持久，才让人觉得有种鼓励、启发、关爱。

什么是生活？生活就是一种协作，就是一种艺术。只有智者才觉着它无处不美无处不充实。

（二）习作选评

由“名落孙山”想到的

北京师院附中高三　王　一

不是在写考试，只想谈谈说话的艺术。

宋·范公偁《过庭录》里说，有个叫孙山的，考取了末名举人。回到家乡，有人问自己的儿子考中了没有，孙山说：“解名尽处是孙山，贤郎更在孙山外。”意思很明显，那个人的儿子没有考中。但孙山并没有直接了当地告诉他，而是用了一种幽默委婉的说法，以免使那人感到过于难堪，这种说话的艺术真使人拍案叫绝。

我们不反对直爽的性格，但也应讲究说话的方式。有时，太激烈的话即便是对的。也会叫人难以接受。我们时常听到谈论某人“太直率”，这既包含了对此人品格的赞扬，也有对他不讲究说话方式的批评。道理很对，却不能让人听进去、没有效果，不能不说是一件很遗憾的事情。

不仅如此，不讲究说话的方式，还会造成很严重的后果。一对恋人到饭馆吃饭，桌子对面的一个男子吃汤包。油溅了两人一脸。其中，小伙子大喊：“你没长眼!”这样，不是大吵一场，就是拳脚相加，与恋爱的气氛多么不和谐。假如换一种方式：姑娘问小伙：“你怎么不擦擦?”小伙子一笑：“等他吃完再说，省得待会儿还得麻烦。”如此一来，量他是谁，也会内心羞惭、赶快道歉了。一场吵闹霎时无影无踪，姑娘也会对自己这个能“谈笑间，强虏灰飞烟灭”的恋人更加钟爱，可谓一举两得。说话的艺术常常能使生活中的许多矛盾缓和，这是大家都体会得到的。

说话的艺术性还能表现出一个人的修养水平。歌德有一天在公园遇到一位批评家，那个批评家十分傲慢地说：“我从不给愚蠢的人让路。”歌德并没有生气，反而往路边一站，笑着说：“我恰恰相反。”这样的语言没有一定的修养是绝对说不出来的。

说话的艺术性还常常被用于斗争中，成为婉曲幽默的外交辞令。晏子使楚，蔺相如渑池斥秦王等脍炙人口的故事，不正说明了这一点吗?

总之，不管在生活中的任何地方，高雅的说话艺术都会起到很好的作用。我们提倡讲求说话的艺术，并不是要人们都去强求“语不惊人死不休”的境界，只是希望社会变得更美好，人与人之间变得更融洽，况且，这不也是实现自我完善的一种方式吗?

〔评析〕 本文入题干净，一个“只是”限定“想到”的内容；收束自然，意旨分明，一个条件复句，高度概括全文中心及说话艺术在待人接物、工作生活中的作用。行文于古今中外，从容流畅，围绕论题从说话方式、说话修养、说话的运用等方面，多方论证，阐述充分。

善听有益

北大附中高二 何 鲤

时下，在中学生中流行着一句话：“我高兴，你管不着!”我觉得应该看到充盈其间的是当代中学生所特有的自信，但它又的确暴露了我们的偏执和幼稚。我想告诉我的中学生朋友——善听有益!

一条河，只有不断吸收身边小溪馈赠的流水，才能惊涛澎湃，奔流不息。一个人又何尝不是这样呢?俗话说：人无完人。那么人要想填补自己的空缺，不断发展自己，完善自己，就必须善于采纳别人的意见。在顺境中，善听可以使你保持冷静的头脑；在逆境中，善听可以使你鼓起奋进的勇气。善听是一座虹桥，会缩短心与心的距离；善听是一扇窗户，会让你发现新的洞天。

我们中学生尤其需要善听。当我们的个子比爸爸高，当我们的嗓音更深沉，思想更成熟时，我们多想快快走进生活，去闯一闯天地，干一番大事业呀！然而一旦我们的目光越过校园的围墙，纷繁杂乱的大千世界扑面而来时，我们又手忙脚乱，不知所措了。在理想的梦幻和现实之间，有哪一束年轻的目光中没有矛盾?又有哪一颗青春的心灵间没有惶惑?这时候我们需要的，不仅仅是同情的理解，更是富有见地的指导和帮助。我们怎能以“你管不着”为搪塞，推开师长们有力的手；以“塑造自我”为理由，紧闭自己思想的大门呢?!年少气盛，但更需要理智。长辈们的话未必全对，而且对于新思想新事物，他们的理解接受能力的确不如我们。但他们毕竟历经沧桑，谁能肯定在那丰富的经历中，就没有一点值得我们借鉴的呢？如果拒绝阳光和风雨，心中将只有一片荒瘠的土地，如果展开心怀积蓄每一滴甘露，献出来的，将是蔚蓝的海洋！

个人是这样，一个党、一个国家也是如此。古代的一些统治者，像齐威王、唐太宗等因为善于纳谏而留名史册。古代封建帝王尚能如此，今天，领导中国人民奋进的执政党——中国共产党就更应该“善听”了。“防民之口如防川”，我们的党应该进一步解放思想，广开言路，开诚布公地与人民对话。真正做到百家争鸣、言者无罪，从而更好地检查自己的过失，更多地吸取群众的智慧。我们的党应该是一棵大树，把根须深深扎进人民的土壤，吸取丰富的养料，这样才能枝繁叶茂！

当然，善听决不等于什么都听，决不能为别人的喉舌所左右。我们的耳朵在听取真理时，决不能听取穿上真理外衣的谎言；我们的眼睛应该善于区分腐烂变质的食品和珍馐美味，只有这样，一个人才能健康地成长，一个国家才能稳步地发展。

善听，是一把开启困难大门，走向成功的钥匙。善听有益！

〔评析〕　开篇由一句流行话破题，于破中求立，简洁而明快。分析论证由身边论开去，从感受性的思考延伸到理性的议论，关切中肯，表现出一个中学生独特的视角，语言生动而形象，类比切实而明白，说理深透而又有分寸。“善听”，这在待人处世中，是较为重要的品质，也是一个重要的话题。

不能和比自己差的同学作朋友吗？

北大附中初三　秦　阳

在我们一些老师和家长眼里，好孩子只能和更好的孩子交往，要是和稍差些的同学作朋友，就会遭到各种形式的干涉。不是常可以听到这样的话吗：“你怎么又和他在一起，以后少和这种人来往”，“别再理他了，他会把你带坏的”。当然，老师、家长的心情可以理解，谁不希望自己的学生、自己的孩子好呢？可我认为他们的想法、做法是不妥的，和比自己差的同学交朋友不应该受到指责。

真诚的友情是一种高尚的情感，朋友之间正常的交往，应该是互相奉献，互相帮助，共同提高的过程。如果只是找比自己更好的同学作朋友，一味地只想让别人帮自己提高，却不考虑自己应给别人些什么，未免有些自私。而且如果人人都这么做，那么只能永远处于寻找之中，最终也不会找到一位真正的朋友。因为人的好与差总是相对而言的，当你到了那位理想的好同学面前时，和对方相比，你又变成了差的，而那位好同学如果要的也是一位更好的同学和他作朋友，那么这个人选自然不会是你。

另外，和稍差些的同学交往，你还能够体味到交朋友的真正意义。当你用有力的臂膀去搀扶他时，当你用温暖的话语去鼓励他时，你会感受到自己对朋友是多么有用。一种对别人有用的幸福感会油然而生。

我们这个年龄，正是即将走向成熟的年龄，可塑性还很大。我们所说的差学生，至多是学习上不够上进，身上有些坏毛病、坏习气，那种所谓朽木不可雕，完全不可救药的人并不多见。这些思想表现差些的同学，正面临着生活的选择，就像一个站在悬崖边上的人，这时外人对他施加的任何一种力，都有着至关重要的意义，拉一把或推一下，会产生截然不同的结果。如果这时有一个人用热烈的友情去温暖他、帮助他，就能拉他一把，把他拉上正确的路，那么他也可能会成为一个很好的学生。这对他个人、对整个社会，只会有益。反之，对他对社会恐怕不会有什么益处。

你帮助了别人，作出了奉献，也会得到收获。你会从他的失败中得到教训，会从他的奋起中受到鼓舞，甚至会从他本来所具有的一些闪光点中看到自己的不足，获取更多的有益借鉴。这种共同促进、共同提高的交往，为什么要反对呢?

一些家长、老师不让孩子和差同学交往，大概是为了让他们更单纯些，不学“坏”。这也许是出于好心，可他们却不曾想到不让孩子去接触一些复杂的事物、复杂的人，对生活缺乏了解，将来走上社会，只会是个瓷娃娃，经不起任何磕碰。还不如让他们多接触不同层次的人，这对他们成长有好处。

〔评析〕　文章开门见山，有破有立，以立为主。文章先从交朋友的一种普遍现象分析开始，明确真正的友谊是互帮互助，共同提高，这一点是非常有意义的，以助于论题的解证。当然，论证过程中是以分析为什么要和比自己差的同学作朋友的道理为主。分析较中肯，道理较切实。

谈谈“待人”

华东师大一附中高三　丁　巍

我们每个人生活在这个社会上，有一件谁都免不了的事，那就是“待人接物”。可别小看“待人接物”这件事，如何待人，关系到能否处理好人与人的关系，消除隔阂，赢得友谊，从而为自己事业的成功扫除一些不必要的障碍。然而现在我们的一些同学由于从小娇生惯养，自私成性；亦或缺乏锻炼，而在“待人接物”的常识方面有所欠缺，从而引起了不和与纠纷。

其实，我认为，如何待人这个问题，一般来说只要做到三点就差不多了。那就是：以礼待人，以诚待人，宽厚待人。

对于以礼待人，我是深有感触的。记得一年多以前，在学校的乒乓室打乒乓，有一个姓汪的初三女孩，脾气好大！当时她同我班的同学打球，我班的同学摆出了老大哥的架势，讥笑她技术不行，又是什么姿势不对，结果球没赛完，倒先骂了起来。这时候，我上去跟她赛球，我记得自己当时说话挺客气的。本来她准备刺我几句，可一看我挺客气，也就不好意思了。在打球时，我婉转地指出了她的动作不对，并帮她改正。于是，我俩非但没吵，她还非常感谢我。同样是指出对方的不足，为什么产生的结果会截然不同呢？关键就在一个“礼”字，只有尊重别人，才能赢得别人的尊重。以礼待人，不仅仅指礼貌，更重要的是尊重对方的人格，不要当众说刺激别人的话，这就是有分寸。

以礼待人是很重要的，但若没有以诚待人作基础，“礼”就难免成为空架子，成了虚伪的套子。所以以诚待人是处理人际关系的基础。试想，刘备要是没有诚意请诸葛亮出山干一番事业，那么他冒严寒三顾茅庐岂不成了沽名钓誉之举。培根说，要获得友情，首先就要敞开自己的心扉。如果对别人坦诚相见，不用自私的小算盘去算计别人，真心地帮助别人，那么你也将获得别人的友情。

除了以礼待人，以诚待人以外，我们还应当尽量地宽厚待人，就是说不要为了小事斤斤计较，为了几句话的不和而耿耿于怀。做人要有宽广的胸怀，要能够原谅别人不经意的冒犯，当然是有限度的。如果能宽厚待人，那么就能减少许多不必要的麻烦。

做人不能老想自己，也得为别人考虑考虑。只有当你为别人着想的时候，你才会去尊重别人，谅解别人，只有用自己的心去接触别人的心，才能体会到人心的温暖。

如果你能做到以礼待人，以诚待人，宽厚待人，那么你就会拥有友谊，得到别人的尊重、理解和帮助。

努力吧！朋友。

〔评析〕 本文的话题非常具有现实意义，围绕中心，层层深入，结构严谨，论证思路较清楚。例证既有身边感受，又有名人名言，不仅阐述了道理，而且提供了生活的范例，给人以学习仿效。论证事理的逻辑性强，事理的因果关系比较明确。

不要以己之长比人之短

北京景山学校高三 刘 俐

哲学家说船夫不懂数学、历史而失去了一半以上的生命，最终自己却失去了整个的生命，这并非讽刺所有的哲学家，相反，哲学家们会很有兴趣地研究其中的哲学寓意。它讽刺的是那个哲学家所犯的一个错误：以己之长，比人之短。

唯物辩证法告诉我们：万事万物都是普遍联系的，但这些联系是有条件的、具体的，不是绝对的。并非任何两个事物之间都存在着确定的联系，胡乱联系是不对的。哲学家研究的哲学，是对自然科学和社会科学的概括和总结，而数学和历史分别是这两种科学的基础学科，当然要和哲学家发生联系。但它们对于船夫来说却并非举足轻重。这两门学科与船夫并没有必然联系。船夫最需要的是划船的技术和游泳的本领。寓言中的哲学家只看到它们与自己有关，便不顾条件地与船夫比较起来，认为任何人都必须具有数学和历史知识，实质上是一种唯心主义观点。

同时，那哲学家以己之长，比人之短，还在于他只看到事物的一面，忽视了另一面。具有数学和历史知识是一种长处，但这是由时间、地点等条件决定的。如果条件发生变化，那么长处也可能失去优势而只成为一个特点。一个不会游泳的哲学家比一个不懂数学和历史的船夫对社会的贡献要大，所以人们一般认为哲学家的长处更重要。实际在特定场合，例如落水时，哲学家的长处就失去了作用，而船夫尽管没有这种长处，却可以救援和自救。由此可见，以己之长，比人之短不仅是错误的，有时甚至是危险的。

这种错误在寓言中表现得很明显，所以往往不为人们所重视，实际上，很多人正是在不知不觉中犯了这种错误。例如，某些人总爱自夸我国“地大物博”，似乎有了这个长处就可高枕无忧了。其实，“地大物博”是不是一个长处，要具体分析。如果正确估价它的优势，合理利用，那么它对于把我国建成先进国家来说是有利条件；但是，如果因为单纯强调这项条件，而忽略了其它方面的不足，那么它就可能成为导致落后的因素。鲁迅先生说过：“倘是狮子，夸说怎样肥大是不妨事的，如果是一口猪或一只羊，肥大倒不是好兆头。”这段话有力地批驳了片面强调自身长处的观点。

自己的长处要知道，别人的长处也要知道。取人之长，补己之短，这才是“君子度量”。如果像那位哲学家那样，以己之长，比人之短，那么非但不能发挥优势，而且难保没有“失去整个的生命”的危险。

〔评析〕　文章涉及到一个如何看待人的问题，看待他人的问题。这在日常生活、学习、工作中较为实际的问题。作者从一则具体寓言说开去，运用哲学原理进行现象到本质的高屋建瓴式的分析，较透辟。问题的展开也恰到好处，化深为浅，结合材料较紧密，语言内在的逻辑性较强。

（三）命题试析

《“摆渡”的启示》

在人生的河上，我们可能是渡者。也可能是摆渡者。在处理人际关系的时候，更多的要当好摆渡者，助人也是助己，这是应有的待人态度。可以由“摆渡”引出话题，但切忌以叙代议。文题是“启示”，那么应由此及彼作联想式议论。

《平淡见真情》

交友，是人生中必不可少的一种生活，同时也是一门学问。古人尚“君子之交淡如水”。可由此阐释展开议论。过热过冷都是不可取的。平淡不是冷淡，真友谊，真感情，并不需要轰轰烈烈的表达方式，它如细水长流。议论语言宜生动形象也如细水长流。

（四）名篇欣赏

论友谊

〔英〕弗兰西斯·培根

古人曾说：喜欢孤独的人不是野兽便是神灵。没有比这句话更是把真理与谬误混合于一起的了。如果说，当一个人脱离了社会，甘愿遁入山林与野兽为侣，那么他是绝不可能成为神灵的。尽管有人这样做的目的，好像是要到社会之外去寻求一种更高尚的生活，就像古代埃的辟门笛斯、诺曼、埃辟格拉斯、阿波罗尼斯那样。

有些人之所以宁愿孤独，是因为在没有友谊和仁爱的人群中生活，那种苦闷正犹如一句古代拉丁谚语所说的：“一座城市如同一片旷野。”人们的面目淡如一张图案，人们的语言则不过是一片噪音，使得人们宁可逃避也不愿进入了。

由此可以看出，人与人的友情对人生是何等重要。得不到友谊的人将是终身可怜的孤独者。没有友情的社会则只是一片繁华的沙漠。因此那种乐于孤独的人，其性格不是属于人而是属于兽的。

当你遭遇挫折而感到愤闷抑郁的时候，向知心挚友的一席倾诉可以使你得到疏导。否则这种积郁会使人致病。医学告诉我们，“沙沙帕拉”可以理通肝气；磁铁粉可以理通脾气；硫磺粉可以理通肺气；海狸胶可以治疗头昏。然而除了一个知心挚友以外，却没有任何一种药物是可以舒通心灵之郁闷的。只有对于朋友，你才可以尽情倾诉你的忧愁与欢乐，恐惧与希望，猜疑与劝慰。总之，那沉重地压在你心头的一切，通过友谊的肩头而被分担了。

正因为如此，甚至连许多高高在上的君王也不能没有友谊。以至许多人竟宁愿降低自己的身份去追求它。

本来君王是不能享受友谊的。因为友谊的基本条件是平等，而君王与臣民的地位却太悬殊了。于是许多君王便不得不把他所宠爱的人擢升为“宠臣”或“近侍”，以便能与他们亲近。罗马人称这种人为“君王的分忧者”，这种称呼恰如其分地道出了他们的作用。实际上，不仅那些性格脆弱敏感的君王曾这样做，就连许多性格坚毅，智勇过人的君王，也不能不在他的臣属中选择朋友。而为了结成这种关系，他们是需要尽量地忘记自己原来的高贵身分的。

罗马的大独裁者苏拉曾与庞培结交。以至为此有一次竟容忍了庞培言语上的冒犯。庞培曾当面夸耀自己说：“崇拜朝阳的人自然多于崇拜落日的人。”伟大的恺撒大帝也曾经与布鲁图斯结为密友，并把他立为继承人之一，结果这人恰好成为诱使恺撒堕入圈套而被谋杀的人。难怪安东尼后来把布鲁图斯称为“恶魔”，仿佛他诱惑恺撒的魅力是来自一种妖术似的。……

毕达哥拉斯曾说过一句隐秘的格言——“不要损伤自己的心”。确实，如果一个人有心事却无法向朋友诉说，那么他必然会成为损伤自己心的人。实际上，友谊的一大奇特作用是：如果你把快乐告诉一个朋友，你将得到两个快乐；而如果你把忧愁向一个朋友倾吐，你将被分掉一半忧愁。所以友谊对于人生，真像炼金术士所要寻找的那种“点金石”。它能使黄金加倍，又能使黑铁成金。实际上，这也是一种很自然的规律，在自然界中，物质通过结合可以得到增强。而人与人难道不也是如此吗?

如果以上所说已证明友谊能够调剂人的感情的话，那么友谊的又一种作用则是能增进人的智慧。因为友谊不但能使人走出暴风骤雨的感情世界而进入和风细雨的春天，而且能使人摆脱黑暗混乱的胡思乱想而走入光明与理性的思考。这不仅是因为一个朋友能给你提出忠告，而且任何一种平心静气的讨论都能把搅扰着你心头的一团乱麻，整理得井然有序。当人把一种设想用语言表达的时候，他也就渐渐看到了它们可能招来的后果。有人曾对波斯王说：“思想是卷着的绣毯，而语言则是张开的绣毯”。所以有时与朋友作一小时的促膝交谈可以比一整天的沉思默想更能令人聪明。

其实即使没有一个能对你提出忠告的朋友，人也可以通过语言的交流而增长见识。讨论犹如砺石，思想好比锋刃。两相砥砺将使思想更加锐利。对一个人来说，与其把一种想法紧锁在心头，倒不如哪怕把它倾吐给一座雕像，也是多少有点益处的。

赫拉克利特曾说过：“初射之光最亮。”但实际上，一个人自身所发生的理智之光，是往往受到感情、习惯、偏见的影响而不那么明亮的。俗话说：“人总是乐于把最大的奉承留给自己，”而友人的逆耳忠言却恰好可以治疗这个毛病。朋友之间可以从两个方面提出忠告，一是关于品行的，一是关于事业的。

就前者而言，朋友的良言劝诫是一味最好的药。历史上的许多伟人，往往由于在紧要关头听不到朋友的忠告，而做出后悔莫及的错事。人尽管也可以自己规戒自己，但毕竟如圣雅各所说："虽然照过镜子，可终究是忘了原形。"

就事业而言，有些人认为两双眼睛所看到的未必比一双眼见到的更多，或者以为一个发怒的人未必没有一个沉默的人聪明，或者以为毛瑟枪不论托在自己肩上放，还是支在一个支架上放会打得一样准——总之，认为有没有别人的帮助结果都一样。但这些话其实是十分骄傲而愚蠢的说法。在听取意见的时候，有人喜欢一会儿问问这个人，一会儿又问问那个人。这当然比不问任何人好。但也要注意，在这种情况下会有两种危险。一是这种零敲碎打来的意见可能是一些不负责任的看法。因为最好的忠告只能来自诚实而公正的友人。另外这些不同源泉的意见还可能会互相矛盾，使你莫衷一是，不知所从。比如你有病求医，这位医生虽会治这种病却不了解你的身体情况，结果服了他的药这种病虽然好了，却又使你得了另一种新病。所以最可靠的忠告，也还是只能来自最了解你事业情况的友人。

友谊对于人除了以上所说这些益处以外，还有许多其他方面的益处，多得如同一个石榴上的果仁，难以一一细数。如果一定要说的话，那么只能这样来说：只要你想想一个人一生中有多少事务是不能靠自己去做的，就可以知道友谊有多少种益处了。所以古人说；朋友是人的第二个"我"。但这句话的容量其实还不够，因为朋友的作用比这又一个"我"要大得多！

人生是有限的。有多少事情人来不及做完就死去了。但一位知心的挚友，却能承担你所未做完的事。因此一个好朋友实际上使你获得了又一次生命。人生中又有多少事，是一个人由自己出面所不便去办的。比如人为了避免自夸之嫌，因此很难由自己讲述自己的功绩。人的自尊心又使人在许多情况下无法低首下心去恳求别人。但是如果有一个可靠而忠实的朋友，这些事就都可以很妥当地办到。又比如在儿子面前，你要保持父亲的身份。在妻子面前，你要考虑丈夫的脸面。在仇敌面前，你要维护自己的尊严。但一个作为第三者的朋友，就可以全然不计较这一切，而就事论事，实事求是地替你出面主持公道。

由此可见，友谊对人生是何等重要。它的好处简直是无穷无尽的。总而言之，当一个人面临危难的时候，如果他平生没有任何可信托的朋友，那么我只能告诉他一句话——那就自认倒霉好了！

新潮·时髦篇

（一）立意指南

塑一个审美的“我”

你告诉我说，走到街上看到的是名牌广告；听到的是炒股热闹；闻到的是名点名吃；读到的是凶杀武打言情……真有点不知所措，苦恼于找不到一点属于你们的位置，苦恼于追之无限求之不尽。然而，我想说，“管他冬夏与春秋”，塑一个审美的自己，你便会发现生活是美好的。

眼下的世界的确千奇百态：说“热”成风，玩“名”成风，追“星”成风，封面上，盖背上……一时风云乍起，然而，风风雨雨中，淋湿的却只是我们青少年。因为我们太易激动，稍有一点新鲜便能兴奋几天；因为我们太易痴迷，稍有一点“热”度便昏昏沉沉；因为我们太浅太窄，稍有一点扩展便满足如酽——于是，我们自认是赶上了树立偶像的时髦，赶上了享受生活的时髦，赶上了选择职业的时髦，赶上了共振趋月的时髦，自以为因此而受到同学同伴的拥戴，受到同龄人的羡慕，从而找到了自己的价值，自己的位置。然而，我们却自觉或不自觉地走进了一个认知的误区：盲目。

气质，并非在“名牌”上；风度，并非在服饰上；欣赏力，并非在几个歌星“笔”星“赛”星上。每个人都是靠自己的本事而受人尊重的，给自己留一方净土，同时也给了他人一点净的启示。任何人在年轻时，无论处境怎样，都难免有荒唐的幻想，但是，你记得蒙田说的一句活么：“灵魂如果没有确定的目标，它就会丧失自己。”

树立正确的审美观，塑造一个审美的“我”，便可以把握自己，发展自己。弄新潮，赶时髦，这种求善求美的心理是正确的，是对几千年来权威崇拜的一点反正，对胁迫教育的一点反叛。追“星”是幻想的寄托，尚新是渴望的启明。但是人生要追求的东西实在太多，关键要摆正追求的路子，以自身的个性要求和大众的愿望相联系为前提，而不是脱离自身个性、自身能力，盲目趋同，一哄而上，这样，才能得到追求时的乐趣和审美的愉快。

开动心灵的钻机，那么，你会在寂寞的地底下找到那份清新与适意的。著名作家雨果说过：“世间有一种比海洋更大的景象，那便是天空；有一种比天空更大的景象，那便是内心的活动。”让我们尊重自己的心灵，塑一个审美的“我”！

（二）习作选评

小议“时髦”

福州一中高三　杨卫民

记不得在哪儿见过一则幽默：幽默大师萧伯纳挺讨厌某些流行音乐，而剧院老板对他说，流行的东西必是高尚的，否则何以会流行呢？萧伯纳听了，立即回了一句：“如此说来，流行感冒也是高尚的了？”这则幽默固然颇有意味，但似乎难以真正说服人们放弃对时髦的哄然追求。于是我很想分析一下“时髦”现象，但愿能究出些名堂来。

“时髦”这一现象可以说是某一特定时期内，由某一社会集团或社会的大部分成员共同心理趋向而产生的后果。

前一阵在年轻人中顶流行的大约便是霹雳舞了，许多中学生也竞相效仿，课间时时能见到一些同学在草坪上练习，实在是干劲十足。霹雳舞这种新兴的外来艺术为何能在中国的年轻人中风靡一时呢？我以为其背景并不很简单。当今中国是经历了相当长期的封闭之后迅速走向开放的。开放的初期许多人甚至对迪斯科都看不顺眼，这也许是出于封闭形成的心理惯性。几年之后，越来越多的外来事物对人们的心理产生冲击，逐渐地，人们习以为常，这就为霹雳舞在中国的传播消除了许多障碍。而霹雳舞动作新颖，较之于迪斯科，它具有相当的难度和运动量，集健、力、美于一身，恰恰能够满足年轻人的猎奇求新心理，也符合当代年轻人的某些美学观点，这样就为霹雳舞在中国的流行又积累了一个社会因素。于是，随着《霹雳舞》的场场爆满——这也是时髦！许多年轻人很快迷上了霹雳舞。

当然，在迷恋霹雳舞的年轻人中，并非都是认为是一种艺术而崇尚它的，许多中学生只是单纯为了时髦而时髦，这是由猎奇心理及集团内部的从众心理造成的。流传的范围广了，各种舆论宣传也便多了，于是再次推广……信息社会，时髦更是“髦得合时”，其速度远胜过当年瘟疫流行的速度（有人会觉得这样的比喻不好听，抱歉，我仅指速度而已）。就这样，某些社会因素的积累引起了人们的心理认同，产生了

"时髦",而"时髦"又造成了更多人的心理趋同,如此循环,时髦事物就如电磁波般传播开去。

虽然"时髦"的产生有其必然性,那么,是否时髦事物一概都值得推崇呢?不见得。社会发展是不平衡的,有时候社会某一领域会被严重扭曲,就会产生不正常的心理趋向。例如文革期间,不少当时极"时髦"的事物都已被历史证明是一种迷狂。当时人们的心灵在红色狂潮中被严重地扭曲,许多人的人性、美学观念等都处在一种畸形状态下,于是产生了许多在今天看来十分荒诞、可悲的时髦热潮。

无论是今天,抑或是未来,我们都不能保证社会的每一个领域都不再畸形化。不能保证没有产生于错觉或精神盲区的"新兴事物"。盲目地猎奇求新和竞相效仿,不仅不利予自身,而且可能有害于国家和社会。因此,提高自身修养,提高自身对事物的辨别力,是每个社会成员,尤其是年轻人所必需的。当然,这绝不只是对花样翻新的"时髦"而言。

〔评析〕　话题的引出颇自然,然而作者绝不在于引出就够了,而是更进一步指出材料本身"似乎很难真正说服人们放弃对时髦的哄然追求。"接下去从阐释入题,从现象分析着眼,以加深对文章开头所引材料的认识。揭示崇尚时髦的根源。并且逐步确立本文观点。盲目猎奇求新和竞相效仿,不仅不利于自身,而且可能有害于国家和社会。论证完整。

中学生赶服装新潮之我见

北京景山学校七年级　孙　姗

中学生的兴趣总在受社会的影响,譬如赶服装新潮。而舆论界的一些人纷纷加以非难,轻者说劝:"作为一个学生,主要任务是学习……"重者指责:"哪像个学生样子!"

大人们的意图固然很好,但由于没能深入地探究中学生的心理特点,其种种说教自然不能起到太大的作用。

中学生正处于一个转折时期,每个人都具有很强的可塑性。他们接受能力强,喜欢快节奏,不喜欢平淡。这些特点,促使中学生对赶服装新潮较为敏感,加之现在的新服装层出不穷,就更容易使不少人把过多时间放在赶“潮”上。耽误学习，分散精力，很不值得。这是问题的一个方面。作为一名中学生，我无意为我们的短处辩护，但我认为；赶服装新潮不可完全斥之为“不务正业”，因为服装也代表了一种美，一种还不为许多人承认的美，而懂得追求美，不失为一件好事，甚至是大好事。我记得前不久，中国的模特穿着中国设计师设计的，既顺应世界服装潮流又不失中国特色的服装，首次在世界时装中心巴黎亮相，就引起了轰动。由此可见，好的“新潮服”似乎可以代表一个民族的审美能力。

当然，有不少新潮服装是不适合中学生穿的，可为什么还不惜财力、物力去赶这些并不美的“新潮”呢？这恰恰说明了中学生的审美水平有待提高。据说，现在有许多老师苦于没有对学生进行美育教育的机会。其实，若条件允许，完全可以在中学校园里开一门讲服饰美的课程，或是办几次讲座。这样不仅进行了美育教育，还会避免不少中学生在着装方面的盲目性，以期在一定程度上使中学的“赶潮热”冷却下来。类似的讲座在某大学开办后，得到了大学生们的热烈欢迎和社会的赞扬。我想，这对于同样需要这方面知识的中学生，将是一种更大的帮助，会产生更大的反响。

找出矛盾固然容易，解决问题就难得多了。在矛盾未解决之前，建议社会经验还不很多的中学生们尽量虚心听听大人们的话，因为他们毕竟比我们的思想要成熟得多。

〔**评析**〕本文涉及了一个中学生中非常热门的话题：服饰美。文章的新意便在于运用美学观点去作出合情合理的分析与判断。作者无意于为“赶潮”辩解，而是表现了一个基本的认识前提，即提高中学生的审美能力，对学生中的“赶潮”应该作出正确的引导。全文没有更多的例证、引证，只是娓娓道来，似促膝，给人耳目一新的感觉。

小议“超前与落后”

北京师院附中高三　吕鲁波

构成社会的因素太多太复杂，人们的思想意识与生活追求是意识领域中最主要的因素。

近十年来，大家有目共睹，我国的改革是有成效的，人民的生活水平普遍提高了，随之而来的是相当一部分人的生活观念发生了变化。人们意识到现今的社会是科技高度发展的社会，知识与能力对人来说越来越重要。中国社会中许多有现代意识的先进分子在当前这种竞争求生存、竞争求发展的环境中，摒弃掉一切旧的思想积习，敢于创新，勇于开拓，不怕挫折，不畏世俗，在生活中，在事业中成为真正的主人。然而另有一部分人，他们的生活观念也在更新，似乎也是生活的主人，把自己劳动挣得的钱全部用在享受上。家用电器都要国外原装、名牌、高档的，穿也得是进口料子才满意，吃上更甭说，就如饮料吧，我国传统的位列世界三大饮料之一的茶，在某些人眼里似乎已与现代社会格格不入了，而倍加推崇外国人的咖啡，甚者更要以品尝价钱贵得惊人的“雀巢”为荣。体育运动在当今世界十分风行，各种高级的体育服装用品尤其受人欢迎。这在中国似乎也成为一种时尚，不少人即使对体育运动不感兴趣，却也要挥掷重金穿一穿“耐克”、“阿迪达斯”、“柏新奴”之类，仿佛那些洋文标签会使他们身价倍增，会使他们认为的那种“现代派”形象更丰满。尽管如此，这些人还时常产生烦恼，因为通过影视等宣传途径看到了外国人那里总有更新的，更高级的，更先进的东西产生，而使他们的追随总显得落后，并且自己那种“现代派”形象展示得似乎也不如外国人潇洒、自如、文明。当然了，“冒牌”怎能比上“原装”呢？我们不是常遇到这种事吗？穿着笔挺的西装，却在公共场所毫无顾忌地随地吐痰；戴着闪光的项链、耳环，却一张嘴就是不堪入耳的脏话。物质生活方面的超前享受与精神思想、文化修养方面的贫乏落后，在这里形成了多么鲜明的对比啊！可悲吗？可悲；可怜吗？可怜；然而更可恨！

为什么一些伟人、名人的遗物显得那样珍贵，那样受到人们的崇拜？关键不在于物品本身，而在于曾拥有它，使用它的人的伟大、杰出。这是多么简单的道理。当今世界，一些资本主义国家是很发达的，我们虽然是社会主义国家，制度更优越，但是在许多方面都落后了，这就要求我们把经济建设作为首要任务，在生产力方面千方百计地赶上先进的资本主义国家。我们应该有这样的决心，应该有这样的奋斗目标，更应该有这样的魄力。

那些只图眼前享乐的人们啊，目光太短浅！超前的物质享受不适合现在的中国，落后的思想文化更是前进道路上的绊脚石，丢掉这一切吧！丢掉那所谓“现代人”的形象，培养自己成为真正的“现代人”吧！

〔评析〕　什么是真正的“超前”，什么是真正的“落后”：作者的触角深入到社会生活里，深入到人们的内心，由表及里，一针见血：人们所谓“超前”其实“落后”。可悲，可怜，更可恨。作者的旗帜比较鲜明，自始至终抓住生活现象进行评析，评与析在文中是主要的论证。结尾自然形成中心论点，有一气呵成的效果。

说“热”

福州三中高三　游丹维

近些年来，中国大地上出现了一股“热”风。比如在服装方面，前些年是“西装热”、“喇叭热”，现在是“牛仔热”；在歌坛上，从“张明敏热”、“费翔热”到“齐秦热”；在小说上，从“琼瑶热”到“岑凯伦热”，……这股“热”风愈演愈烈；令人眼花缭乱。

怎么看待这股“热”风呢？

必须要弄清楚出现这股“热”风的时代背景。随着我国对外开放政策的贯彻实施，港台和国外的风俗、思想冲击着中国大陆。正是由于过去我们闭关自守，唯我独尊，看不到外面的世界，一旦门户开放，人们对于这些潮水般涌进来的各种“进口货”感到样样新鲜，不知所措，于是就产生了这股“热”风。

这股“热”风在青年人中尤为盛行，因为青年人思想活跃，容易接受新鲜事物。就说前些年的喇叭裤吧。一时间，几乎所有的姑娘、小伙子都穿上了喇叭裤，而且喇叭口越开越大。以为口越大就越美，走在街上，就像疾风扫落叶，这就热过了头。本来喇叭裤上窄下宽，穿在身上，能够体现人体的线条美，确是有一种美感，但如果一味地追求大裤管，比裙子还大，这种美岂不是变了形？再说现在的牛仔衣。牛仔衣原是西方国家的劳动衣，穿着它工作劳动不易磨损，而且它的样式新颖大方，青年人当然爱穿，潇洒嘛。可是，有些学生竟然在体育课上也舍不得换下来，这就有些不对劲了。所以，青年人在“热”风中应该有所思考：怎样“热”得与自身素质、自身修养相协调。

以上说的这种“热”，只是人们的口味问题，只要个人爱好，能体现美就行，我以为无需作太多的评论。然而，目前有一种“热”却是很值得我们深思的，那就是“圣诞热”。

人们也许注意到了，这一两年的圣诞节前后，在中国的大地上，五彩缤纷的圣诞卡满天飞。圣诞节成了大中学生越来越注目的节日。圣诞节是耶稣诞生的日子，是宗教性的节日，我们中国人的圣诞节却是不带宗教色彩的。为什么学生们如此热衷这个节日呢？这与我国传统节日的过法有关。我国的传统节日是很多的：春节、元宵节、中秋节……仔细研究一下，这些节日无非就是一个“吃”字。然而，相比之下，圣诞节就不一样了。人们在圣诞节里互赠贺卡，交流思想感情，增进友谊。青年人追求的正是精神上的财富。在这样的“热”风中，我们的传统节日是否该进行一番改革呢？

随着改革开放的发展，中国大地上还会出现许多“热”风。我们在“热”风中要有自己的选择，保持自己的风格。正确的，有意义的尽可以‘热’起来，但要注意切不可热过了头。

〔评析〕　“热”，该如何评价：作者并没有急于去回答问题，而是先分析背景。把思考放到现实中去，那么更有针对性：“热”与自身素质、自身修养相协调。同时，作者并未就此打住，而是将思考引向更深的一层，即如何看待自己民族的东西，使它“热”起来。文章就是在这样的且析且议中逐步回答开头的提问：“热”风中要有自己的选择，保持自己的风格。

生活还未“潇洒”

杭州学军中学高二　俞吕群

舒适地坐在咖啡馆柔软的沙发上，品尝雀巢美味，轻松地说：“生活嘛，就是要潇洒。”

浪漫地甩动飘逸的披肩发，让春风轻轻吹拂，温情地说：“生活嘛，就是要潇洒。”

是的，生活可以这样闲适。然而，当我们在享受咖啡的芬芳，赞叹秀发的浪漫时，能忽略“芬芳”里潜伏的危机，“浪漫”中隐藏的落后吗？昨天，我们的先辈面对内忧外患，担负着救人民于水火的使命，推翻了旧世界建成了新中国。今天，我们面临着超人哲学引起的信仰偏差；通货膨胀引起的民心波动；几百万中小学生流失引起的教育危机；乱采乱伐引起的资源紧张；还有中国在世界的那个倒数位置，都迫使我们必须抛弃这自欺欺人的闲情逸致，代之以强烈的紧迫感。我们的科技落后了，我们的经济落后了，我们的教育落后了，……怎么办？不奋起直追行吗？我们只有以危机感为动力，用岩浆般的灼热和冲力来夺取明天的胜利，才能自立于世界民族之林。日本能在二次大战后迅速崛起就是有力的证明。

据说，最近出现了一个“雅皮士”阶层，他们挥金如土，信奉“人也就能活上这么几十年，不快活快活就太对不起自己”的信条。

对此，我要说，也许花天酒地的消磨，纸醉金迷的虚度会有一时的快感，但“富贵百年能几何”留下的终将是生活的苦果。是的，人生是短暂的，犹如一闪即逝的流星。可人活着总该为社会，为国家，为别人，也为自己留下些什么。体坛健儿的汗水换来金牌的光辉，老山英雄的血肉筑起高耸的丰碑……他们的生活才是真正的“潇洒”！谁不知生命的可贵？谁没有幸福的渴望？可生活的甘甜只能从奋斗中“提炼”。我们面临着科学技术突飞猛进的21世纪，落后的现状迫使我们反思。我们压根儿没理由，也没资本“潇洒”，真正有头脑的人对此是决不会视而不见的。

也许有人会悠哉游哉地吐着串串够水平的烟圈，漫不经心地问：“靠我一个人行吗？”朋友，你可知道涓涓细流能汇成长江大海，星星之火能燃遍山林原野，更有那“集沙成塔，集腋成裘”的古训嘛！一个人的力量是微乎其微的，只要每个人都贡献这么一点有限的力量，我们又何愁力不从心呢？萤火虫的光是微不足道的，但成千上万的萤火虫不也照亮了深邃的夜空吗？从弥漫的烟圈里走出来吧，举起你健壮的双手，献出你沸腾的热血，奉上你聪明的智慧，再也不要迷恋那吃喝玩乐的“潇洒”了！

生活还没有充满咖啡的芬芳，还没有充满美酒的甘醇，我们只有承担起振兴中华的重任，才能真正的“潇洒”。

〔评析〕　本文立足于纠正人们的一种误解，使之走出某种生活误区。作者处处围绕什么才是真正意义上的“潇洒”去分析、去论证。联系生活较为紧密。层次清楚、由远及近、正反结合，在对比中求得立论的正确、议论的深刻、论证的充分。中心论点在结尾提出，有归结全文，水到渠成，卒章显志之效。

我看不惯这种风气

北大附中初三　陈　岩

最近，我听到这么一件事：妈妈的一位同事新近买了一台燃气热水器，但却不能用，原因是卫生间中无法安装，崭新的热水器放在家中毫无用处。问起来为什么要买它，回答是：别人家装了，看着眼热，咱也赶赶时髦。结果是时髦没赶成，还浪费了一笔钱。

盲目地赶时髦是当今社会上的一种不良风气，我看不惯这种风气，我觉得这种风气是要不得的，它对我们来说是极其有害的。

对于个人来说，盲目地赶时髦会给我们带来不必要的浪费。当今社会上有些人不根据实际情况，不分析问题，看人家有什么，社会上时髦什么，不管对自己合适与否，就趋之若鹜，殊不知，这时髦往往会给你带来经济上的损失。我们现在的家庭经济情况，社会经济情况，是不允许我们盲目赶时髦的，赶这种时髦的结果是越赶越贫穷，浪费越来越大。

进一步来说，盲目地赶时髦有时并不能取得你所希望的结果。例如：一个胖子，觉得别人穿健美裤很好看，也很时髦，于是自己也要赶这个时髦。但穿上的形象犹如一个大南瓜下边插上了两根香肠，并不美。这种东施效颦的笑话生活中并不少见。赶时髦出于良好的愿望，为什么没收到良好的结果呢？那是因为这样做是不切实际地评估了自己或事物，具有很大盲目性，因而，不会带来任何益处。

另一方面，盲目地赶时髦还会助长人的虚荣心。长此下去，总有时髦要赶，虚荣心也就会越来越膨胀。但是，一旦虚荣心靠正常途径已不能满足时，就会诱发出罪恶的念头、行为，导致犯罪的恶果。可见，赶时髦与虚荣心，以至违法都是有联系的。

对国家来说，盲目地赶时髦也会给国家社会经济带来损害。例如去年夏天的抢购风，就是赶时髦的一种表现，看别人买东西，我也得买，从银行中取出钱款，不加选择地购买，以至一家买几台电冰箱等等，造成社会购买力膨胀，给社会造成压力，阻碍生产发展，使国民经济受到干扰。这种情况对国家的经济发展是十分不利的。

盲目地赶时髦不会给我们带来什么好结果，解决这个问题，要靠每一个人对它逐步认识，自我努力，也需要时间，愿更多的人为改变这种不良风气作出贡献。

〔评析〕 全文层次清晰，结构严谨。从两方面，针对盲目赶时髦的风气进行批判性论证。其一，这是一种坏风气，就个人而言，既造成不必要的浪费，又不能取得希望的结果；其二，助长人的虚荣心。对国家而言，既造成经济损失，又不会带来好结果。由小及大，微言大义，确有警策作用。

“热”论

浙江温州实验中学高三 麻 恺

这里的“热”，并不具有物理意义，它是指近年来国内常可听到××热，或说是热潮。

现在，“武侠热”、“琼瑶热”之类对于我们来说已不是新鲜名词，随便问一个人，只要他识字，就会或多或少地给你举出几本武侠书，琼瑶书的书名，有上纪录的，居然会一口气报出上百本这类小说来，可谓一奇。

这种“热”，就我所知，大概是从“武侠热”开始的，其时正值20世纪80年代初，中国刚从十余年的文化干旱中解脱出来。武侠小说的出现，给听惯了革命口号，看腻了样板戏的感官注入了新的信息，使人为之耳目一新。因此，尽管武侠小说很难说是真正的文学作品，但却凭着曲折荒诞离奇的情节，在国内泛滥一时。

但到20世纪80年代中期，一个新的热潮逐渐压倒了“武侠热”，人们眼中又出现了一个新名词——“琼瑶热”。

较之武侠小说，琼瑶小说是属于高层次的，就是说，它是文学——纯粹的浪漫主义文学。她的文学或缠绵哀怨，或活泼生动，加上一点恰到好处的幽默性和哲理性，于是很快便在学生中（尤其是女生）站定了阵脚。我曾带着研究性的目光看过几本琼瑶小说，虽然我不至于像某些女生那样竟至于观后“发上几天呆”，但我不得不承认，琼瑶小说确实有一种“魔力”。而奇怪的是，成人看了却感觉不到这种“魔力”。或许是青春具有一种转之即逝的“超感”吧。

比起琼瑶来，三毛的作品可谓是现实主义派了，尽管她也相当罗曼谛克，例如看了一本美国《国家地理杂志》，居然激动得不顾一切地跑到撒哈拉去了。

三毛最主要的作品，就是她的几种自传性文集：《撒哈拉的故事》、《稻草人手记》、《哭泣的骆驼》等，那充满异国情调又十分幽默的笔调，很快便吸引了大批读者，包括男生、女生，因此便有了："男看武侠、女看琼瑶，不男不女看三毛"的说法。

可见，文章的新奇相当重要，当年拜伦的《恰尔德·哈洛尔德游记》得以在英国盛行，也很有一部分原因得之诗中描绘的异国风光之助。

"琼瑶热"、"三毛热"揭开了港台文学热潮的序幕，大批港台小说如潮水般涌进来，而将本国的文学却推到一边去了。

中国当代文学之所以在本国受冷落，是有多方面原因的，其中一个重要原因就是，它或为"阳春白雪"，或为"下里巴人"，没有过渡的层次，现在我国文坛，一方面是"寻根文学"的兴起；另一方面则是通俗小说的泛滥，其间便出现了一个裂变层，即缺乏既有普遍性又有文学价值的作品。在这方面，外国文学大大地超过了我们：狄更斯、大仲马、巴尔扎克、奥斯汀、勃朗特姐妹……等等，他们的作品为人们所津津乐道，而谁又能贬低、否认这些世界名著呢？

另一个不可忽视的也不可逃避的问题就是：国人的盲目崇外心理。鲁迅当年所批判的一味的"拿来主义"，今天仍是旧病复发。人们对外国货争先恐后，而对国产货则不屑一顾，不仅文学界，影视等各界都存在这样的问题。放映国产片则门可罗雀，而一映外国片或港台片则如十个"门庭若市"也不过分。当你看到为买一张外国电影票而乱挤乱抢，为购一本外国或港台畅销书而排成长龙时，你作何感想呢？

〔**评析**〕　本文所涉及的"热"，基本上是正面去"侃"的。并且着眼文学热。分析很客观，有自己的切身感，而且，作者对文学本身的分析不局限于表面，结合"热"的形成，从原因上求实质，并在此基础上对当前大陆文学之所以受冷落也有所涉及，论证面较宽，意义也有所扩展。

（三）命题试析

《我的审美观》

文题要求谈“我”对“美”的理解、看法。什么是正确的审美观？青年学生应具有什么样的审美观？联系周围的生活，联系某些追“星”追“洋”追“时髦”现象，正面立论；“一个志趣高尚的人才是一个审美的人。”宜用引证法由浅入深地进行阐述。

《不做“绣花枕头”》

“绣花枕头”是一种比喻。求外表的好看是一种合情合理的追求，然而“绣花枕头”却是败絮其中的。所以应提倡外秀内慧的追求。分析要恳切，不要拿帽子拿调子，从根本上去让人领会真才实学才是真正的美。宜用喻证法、例证法。

（四）名篇欣赏

你就是一道风景

胡西淳

生于世界上，存于宇宙间，你不比别人多，也不比别人少，同顶炎炎烈日，共沐皎皎月辉，心智不缺，心力不乏，只要你勇于展示自己的才华、个性及风采，那么，你就没必要去仰视别人。

你，就是一道风景！

不要隐于云海峰峦之后，不必藏于青竹绿林之中，你就是巍巍山峦的一石，就是苍苍林莽中的一株。所以你没必要敬畏名山大川，没必要去赞叹大漠孤烟，你的存在，其本身就在解释世上所有的景致；你的存在，正注释着时代的一种风情！

不必去拥挤了，你就站在属于自己的位置上，不断地展示你内心世界的丰富内涵，给苍白的四周以绮丽，给庸俗的日子以诗意，给沉闷的空气以清新，每日拭亮一个太阳，用大自然的琴弦，奏响自己喜爱的心曲。

自然美具有不以人们意志为转移的自然性，梅花自有梅花的风韵，红杏自有红杏的丽姿，如今认清自己往往比注视别人更为重要。没必要一味褒扬别人贬低自己，应该果敢地站起，与最佳景观比肩，只要你不懈追求，相信你，不比别人差。真的，你行！

翠竹之秀丽，青松之壮美，杨柳之潇洒，兰草之温柔，自然赋予各异风情，都在各自的一片土地上展示生命的光辉。如今所需的不是自谦，而是自信。很久很久了，虚假的谦逊毁掉个性的展露，模仿、装扮、整容，使人无法认清你的真面目，不知哪个是你自己，那情景似古代砖窑烧出的规格相同的陶俑。

风景这边独好！妙在独好。

我们太忽视这个“独”了。

世上被人们公认的景点都是独特的：埃及金字塔，中国古长城，法国凯旋门，罗马斗兽场……世上被人赞誉的美景也别具风采：泰山日出，威尼斯水城，热带雨林，撒哈拉大沙漠……

大凡能被我们记住的人多富有个性特征：阿Q的“快乐”，鲁滨逊的坚毅，王熙凤的笑里藏刀，奥赛罗嫉妒杀人……

让个性伴你，站着该是一座山，倒下便是路基；完整时给人启示，粉碎时使人警醒……你不比别人多，也不比别人少，你不用注视人们的眸光便可知道，你在阳光下用身影发表宣言：

你就是一道风景！

推陈·出新篇

（一）立意指南

擦亮历史这面镜子

人，是最容易走极端的。说白了，也最容易“哄”。譬如闭关锁国时。便群起而攻之保守落后，传统阻碍了民族的发展进程。再如打开国门、钻进了几只苍蝇，溜进了几只蚊子，又鼓而噪之盲目崇拜，忘了祖宗，走资本主义道路。——论说，这种现象也没什么大不对的，但细细想来，却有点惶惑——到底该怎么做？为什么就不能作出一点较为客观的评述呢？尤其对祖国的历史。

毛泽东同志在《改造我们的学习》一文中曾形象地指出：我们许多同志对自己的历史“心目中还是漆黑一团”，许多学者“言必称希腊，”“对自己的祖宗，则对不住，忘记了。”何止是忘记了，简直是扔掉了。研究自己民族的历史，是每一个炎黄子孙的责任，一味“扔”或一味“抬”或一味“欺”都不是实事求是的做法，是对自己不负责，对祖宗不负责，更是对民族不负责。

我国是一个有着悠久历史的国家。几千年的文明史，有耻辱，更有荣光：故宫既是封闭的象征，也是文化艺术的结晶。我们总不能因为它曾住过皇帝，而一把火烧了吧？总不能很欣然地蹩进去，不问世事吧？时代发展到今天，已不再需要孱头，不再需要废物，更不需要昏蛋。它要求我们在吸收外国先进经验的同时，对我们的历史进行发掘与开拓。知道过去并不意味着已理解了过去。人家的再好，也是人家的，我们只能借鉴，而不可能拥有。传统是源，开源疏渠，方能有活水；历史是镜子，擦亮它可以看清丑恶，也能看清真善美，推陈而出新，古为今用，“资于治世”，可以使我们在工作学习生活中少走些弯路，少走些歧路。正确地对待我们的过去，无疑能使我们立足的层次高一些，真实一些。

光吃老本，不是好子孙；仰人鼻息，也不是好后代。有，总比没有好。我们要运用脑髓，放出眼光，去拿来。对我们民族的历史、民族的传统并不是抬得过头了，而是扔得过分了，并不是研究得够多了，而是根本研究不透。

改革中，呼唤“直挂云帆济沧海”的弄潮儿，同时也需要“化腐朽为神奇”的能工巧匠。

（二）习作选评

从进口商品谈起

北大附中高一　冯则辰

近几年来，小到泡泡糖，大到小汽车等名目繁多的进口货充斥了中国市场。是谁让它们这样做的呢？答案很简单，是中国人。很多中国人认为国货质量不如进口货好，于是便使用进口货。结果，不但造成外汇大量流失，还使本国产品在国内市场受到排挤，打击了本国工业。可能有人会说，改革开放，就是要放些外国的东西进来。我们知道，改革开放，是通过扩大中外经济文化交流，提高我国国力，并不是为我们能够生产且质量也不错的泡泡糖、烟酒这些商品开放市场的。诚然，有些国货质量是不好，但中国人大量使用外国产品，还表现了一个民族性的问题。日本和南朝鲜在工业刚刚起步时，本国产品的质量也不及外国的，但它们的人民却认为本国货是最好的，不去买外国货。相比之下，可看出：有些国人不信任自己，看不起自己。

这种自己看不起自己的现象，在其它方面也有所体现。许多宾馆和商店“只对外宾”开放，中国人被拒之门外。这是中国人素质不及外国人好，不配进去吗？当然不是。对待外宾应该有礼貌，但需要得体，像这样，隔离中国人，使外国人显得更加尊贵的做法，无疑是崇洋媚外的心理在作怪，是中国人看不起中国人。

正因为看不起自己，不信任自己，所以近年来西洋文化对中国人，尤其是年轻人造成了巨大的影响。西洋文化传到中国，年轻人觉得新鲜，不分好坏，争着去学。从耶稣基督到“愚人节”、“情人节”，然而有几个人是真心想研究它们的，还不是凑热闹的居多？如此下去，其结果就会像邯郸学步，新的没有学会，却把老本忘了。现在不是有不少年轻人忘记“端午”、“寒食”，忘记屈原、介子推了吗？美国有的中学只有两门必修课程，那就是语文和美国历史。我在这里并不想说只有中国才有灿烂的文化、悠久的历史，但美国人尚且如此重视自己短短的二百年的历史，难道我们能不为自己轻易抛弃五千年的历史文化而感到痛心吗？丢下自己的文化，专捡别人的，真让人寒心啊！自己丢掉自己传统文化的国家，是不会有希望的。今天，一些年轻人又在重蹈覆辙，真是可怜啊！抛弃自尊心理，我国要自立于世界民族之林，首先需从自己重视自己做起。

〔评析〕 从小小的泡泡糖引出一个民族性问题：有些国人不信任自己，看不起自己。透过表面现象揭示本质，我们看到了文章的认识深度；从商品到文化，旁证博引，运用鲜明的对比，增强文章的说服力；在冷静顺畅的论证中，突出强烈的民族自尊，言辞恳切。文末点明中心：自己重视自己，更显得有论证基础，使读者易接受。

“自卖自夸”又何妨

福州三中高二 周建川

有一句歇后语，叫做“王婆卖瓜，自卖自夸”，一直被用来讽刺那些油嘴商贩和夸夸其谈、自我吹嘘的人。其形象性自然是不用说了，而且它对我国人民思想观念的影响也颇深。

固然，王婆的瓜若是烂瓜，或者是不熟的瓜，其自卖自夸，是坑骗人，应该“群起而攻之”。奸商虽是少数，但现在也还是有的。

再看夸夸其谈，自我吹嘘者。用这两个贬义词来形容，因为他们多是些不学无术的家伙，上唇顶天，下唇贴地，只会唱高调，说大话。没有真才实学，不是满腹经纶，而是“满口经纶”。用“王婆卖瓜，自卖自夸”来讽刺这些人是很恰当的。

于是，了解了这句歇后语的人大都谦逊得可爱，因为他们担心被扣上一顶“王婆”的帽子。诸葛孔明天下之奇才，却隐居隆中，直到刘皇叔三顾茅庐，才出山来。孔明先生固然“每自比管仲、乐毅”，但他不过在隆中草庐里自比，不去该夸的地方夸，尽管他是如此有真才实学者。在我们的古人中，谁知道还有多少孔明，因为羞于自夸，或隐居东海，或隐居太行，而不为人所知呢？

偶尔出了一个敢于自荐的毛遂先生，跟随平原君出使楚国，逼楚王“歃血而定盟”。其功成，名留青史，而有“毛遂自荐”之颂。倘未成功，岂不也要遭“卖瓜”之嫌了？

古人暂且不论。到了今天，社会迅猛发展，很需要一些自卖自夸的精神。一种产品问世，不去主动向顾客介绍、宣传其性能、长处，开拓市场，却摆出“姜太公钓鱼，愿者上钩”的风度坐等顾客，行吗？当然，夸的必须货真价实，好瓜才能夸，这是前提。

对于“物才”需要自卖自夸，人才则更应该自卖自夸。今天，王婆要夸一夸自己的瓜好，该不会遭到嘲讽了吧？但若夸起自己是种瓜能手，就会有人鼻子一“哼”，然后说：“那个王婆呀，就爱吹牛，出风头！”我想说一句，你如果真是“种瓜能手”，真的有本事，就不要管别人说什么，大可以开个“种瓜培训班”，充分“炫耀”，以自己的才能，为社会培养更多的“种瓜能手”。当今，一个国家、民族，要发展，要前进，就需要大批的人才。我们每一个人都可以成为某一方面的人才。如果人人都过分谦虚而羞于自荐，坐等伯乐来发现自己，不愿积极主动地把才干施展出来，这个民族还有多大希望呢？有真才实学的人，若不愿“自卖自夸”，为社会作更大贡献，那么他的学问和才干往往就被淹没在纷繁复杂的世界中，就像金子埋藏在地下不得放其光芒。这样的人才，即使是赤兔黄骠，不遇伯乐，也枉为千里良驹。为何不夸一夸呢？怀才不露的同胞们，我们是中华民族的儿女，应该着眼于国家、民族的利益，大胆地夸，夸真本领，夸真学问，把自己的聪明才智毫不保留地奉献给社会，奉献给蓬勃发展的“四化”大业。

社会在前进，观念要更新。今天的社会人才济济。若羞于自夸，如何能现其头角，施其才华；若敢于自夸，则雄鹰得以展翅，骏马得以奔驰。只要夸的是实话，是实才，自夸又何妨？

〔评析〕 本文最大的成功是逆向思维的运用。作者围绕“王婆卖瓜，自卖自夸”组织论证，议之有理，论之有据，行而有节。分析详尽而透彻，层次清晰而井然，例证博而扣旨，从物才到人才，行文有致。这一切，全赖于作者逆向思维。

小议“有志者事竟成”

北京师院附中高二 林 昱

“有志者事竟成”这句话，自古以来不知曾经鼓舞过多少人走上了成功之路。今天国家、时代需要能够成大事的人才，这就要求我们这一代青年学生立大志。然而，仅仅有志是否就能适应这种需要呢？我看不一定。我觉得，有志者事未必能成。

在人类社会漫长的历史中，确实有许多有志者事成了，但是其中也有不少人由于种种原因失败了。这说明，有志者成事是有条件限制的。

我们知道，客观规律不以人的意志为转移。有志者的“志”要符合客观实际的要求，当二者相抵触、相脱离时，事是无法成的。例如：几个世纪以来，许多科学家立志要制造出永动机。他们花费了一生的时间和精力努力钻研，但始终没能制造出来。学过物理，我们知道当机器运行时，机械能转化为其它形式的能，而其间能量的损耗是不能避免的。客观实际告诉我们，根本不可能有永动机，制造永动机这个志是不会变为现实的。符合客观实际的要求是有志者事成的前提条件。现在我们青年学生中有些人总爱脱离客观实际地空想、幻想。比如，指手画脚，夸夸其谈，似乎社会只是我们青年学生手中可以任意操纵的机器；不管社会如何，只求自我完善等等。这样我们又怎能适应国家、时代的需要，我们的“事”又怎能成呢？

重视了客观实际要求，也不能忽视自身能力。当有志者立的志超出了自己力所能及的范围时，他的志也终是虚话，事也不能成。正如一些人立志要爬上一座高峰，然而其中有些人终因身体条件不行而无法到达顶峰。青年学生立大志固然好，但是我们在立志时应该清醒地认识到自己的能力，应该注意到自己的特长，特别是自己的弱点，否则盲目的立大志，就不能适应国家、时代的需要，我们的“事”就不能成。

有了上面两个条件也还不够。要想事成还需要有志者自己的努力奋斗。天上不会掉馅饼，自己不努力，事又怎么能成呢？一个人立志要写一部巨作，然而他只是整天梦想着会受到人们怎样的好评，却不深入生活，不苦心创作，他一辈子也写不出这部巨作。自身努力奋斗是有志者事成的重要条件。现在，我们青年学生绝大多数都有自己的志向，但是缺乏艰苦奋斗的思想准备，不是吗？学习及生活中碰到困难便意志消沉，诅咒说：“葡萄是酸的。”这样我们的远大志向怎能实现？我们立志之时一定要同时做好艰苦奋斗的思想准备，这样才能适应国家、时代的需要，才能成大事。

有志者事未必成。只有在符合实际要求，自身力所能及并且努力奋斗的情况下，有志者才能事成，也只有这样，我们才能成为适合国家、时代需要的有志者和成事者。

〔**评析**〕行文立论来自作者对古语进行的反思，针对现实生活中的实际问题，层次分明地组织分析论证。主旨：有志者事竟成是有条件限制的，然后，从前提条件、必要条件、重要条件，先次后主地进行说理，总分结构，给人以条理感，是典型的议论结构。

谈“蚍蜉”之勇

北京师院附中高三 黄 俊

“蚍蜉撼大树，可笑不自量。”这是唐代文学家韩愈的《调张籍》诗中的名句。时至今日，“蚍蜉撼树”已成为一句成语，比喻不自量力。一提起这句成语，人们眼前就会浮现出一幅一群蚂蚁正在摇动一棵参天大树的可笑图景。但仔细想来，我渐渐觉得并不那么可笑了，而开始佩服起“蚍蜉”们的那种超人的胆识，——没有尝试过，怎知撼不动呢？

事实上，世界上有许多貌似“大树”的东西，只有撼它一撼才会知道它并不如想象中的那么坚固。达尔文的“进化论”在今天已被世人广泛接受，它打破了“上帝造人”的神话。但在进化论问世以前，“上帝造人”论在人们心目中不正是一棵不可动摇的“大树”吗？然而“不自量”的达尔文却告诉人们：这棵“大树”实际上不过是一棵“朽木”。假如达尔文没有“蚍蜉”的精神，那么人类对自身来源的正确认识不知还要推后多少年。伽利略也是以同样的“蚍蜉”之勇，在比萨斜塔上抛下了一轻一重两个铁球，用它们的同时落地的现实推翻了“重的物体比轻的物体下落得快”的理论；而古希腊哲人亚里士多德的这一理论正是当时人们公认的“大树”。

如果“大树”真的坚如磐石又如何呢？请看著名的赤壁之战。面对数十万曹军这棵“大树”，吴方主帅周瑜就是一个勇敢的“撼树者”，他正是因这一战而留下一世英名，苏轼“大江东去”的千古绝唱也由此而发。然而，假使“东风不与周郎便”，恐怕周瑜也难逃“蚍蜉”的恶名了。可是如果周瑜为此而不冒“撼树”之险，便屈膝求和，那么东吴很可能就此灭亡。这一兴一亡，恰恰就在于有没有“蚍蜉”之勇。

这里，我所讲的“蚍蜉”之勇，就是克服困难的勇气和争取胜利的信念。革命历史上，有工农红军靠“蚍蜉”之勇，走过了万里征途，创造了世人难以置信的奇迹；科学王国中，有居里夫妇靠“蚍蜉”之勇，在极其简陋的小实验室里，发现了放射性元素；艺术殿堂里，有贝多芬靠“蚍蜉”之勇，虽两耳失聪，贫困潦倒，却为全人类留下了一部部光辉的乐章；体育赛场上，有聂卫平靠“蚍蜉”之勇，多次在中日围棋擂台赛中，力挽狂澜，以连胜的战绩横扫日本棋坛。

当然，“有志者”并不见得“事竟成”。俗话说：“谋事在人，成事在天。”事业的成就，除了要靠“蚍蜉”之勇外，还需要天时、地利、人和等有利的客观条件。但比较而言，主观努力是主要方面。只有在主观上做好了准备，才有可能抓住机遇。还是以周瑜为例，假使他未战先思和，那么即使日日东风大作也是无益；假如周瑜虽有“蚍蜉”之勇，却“天公不做美”，那么他也可以无悔了。正如王安石所言：“力足以至焉，而不能至者，于人为可讥，而在己为有悔；尽吾志也，而不能至者，可以无悔矣，其孰能讥之乎？”

可见，真正应该被讥笑的不应是“撼树”的“蚍蜉”，而应是那些怕被称为“蚍蜉”而不敢去“撼树”的人。

〔评析〕　古语出新意，关键在于逆向思维的运用和解语的现实针对性。本文的新意扣住“尝试”二字展开，从貌似“大树”和真是“大树”两方面先进行分析，然后阐释“蚍蜉”之勇，强调主观努力的重要性。例证广博，且选例说服力强，文章论证完整。

敢为天下先

北京师院附中高三　王　帆

古人云：“木秀于林，风必摧之；行先于人，众必非之。”老子处世三宝之一就是：“不敢为天下先”。我斗胆唱两句反调，划去“不”字，便是“敢为天下先”。

这道理从科学技术的发展上最易得到印证。伽利略为什么能研究出落体定律？因为他最先怀疑了亚里士多德的理论。如果他看到大、小铁球同时落地而不敢第一个站出来发问，闭起眼睛谨遵 VIP（注：VIP 在英语里是圣人的意思）的结论，恐怕他只能成为旧理论的忠实信奉者而不是伟大的科学家了。今年诺贝尔物理学奖授予了西德的格奥尔格·贝德诺尔茨和瑞士的亚历克斯·米勒，其原因恰是他俩最先提出铜、钇、钡等氧化物及陶瓷可作超导材料，打破了只有银等金属才能充当超导体的传统理论，为人们开拓了思路，开辟了新的研究领域。虽然评奖时，中、美、日等国科学家已经实验出超导材料，但头功仍属于这一理论的最先提出者。在科学发展领域里，“先”的含义是大胆的质疑，是科学的预言，从这种意义上讲，“敢为天下先”实在是任何一门科学得以发展的前提条件。

其实，社会的变革又何尝不是这样的呢？我们国家改革经济体制、政治体制，必然会碰到许多新情况、新问题、新矛盾。这一切要求人们敢于先摸索，先探讨，先设计，先尝试。“一国两制”的构想正是创先，社会主义初级阶段理论的确认正是创先，大邱庄的农工商联合企业就是创先，张兴让的满负荷工作法就是创先……如果人们都怕违背马列先哲的现成结论，都怕“枪打出头鸟”，没有人敢为这些“先”铤而走险，那不就像饥饿的人隔着玻璃窗看见了鲜美的食物，却不敢自己打破窗户，而在那里等着别人去砸吗？如果大家都不去砸，结果只能是急死、馋死、饿死。因此，实在难以想象无人敢为先的社会改革怎么可能进行下去。

“敢为天下先”不仅仅是科学发展和社会变革的需要，从哲学意义上说，它是一切新事物产生的开端、由来。“新事物是通过否定旧事物发生质的飞跃产生的。”（摘自《马克思主义哲学纲要》）如果没有“敢为天下先”的精神，“旧事物”何以“否定”，“质的飞跃”如何“发生”，“新事物”又怎么可能“产生”呢？所以，凡是具有强大生命力和远大发展前途的新事物，都是“敢为天下先”的产物。

由此不难看出，“敢为天下先”是积极进取的精神；而“不敢为天下先”是保守落后的意识。恪守中庸之道，害怕发展，害怕新事物，“不敢为天下先”，其结果就总是落后。一个人、一个团体是这样，一个国家也是这样。发展科学不敢为先，等着别人的成果；变革社会不敢为先，等着别人的模式，那么一个国家就会受制于人，站不起来，更谈不上赶超先进国家。近代史上我国“落后挨打”的教训是很惨痛的。绝不能让“不敢为天下先”的思想禁锢我们的头脑。

勇猛争先吧！“敢为天下先”的人，即使倒下了，身躯也是向前的！

〔评析〕　文章从科学发展、社会变革和新事物的产生三个层面进行论证，增强了议论的广度和深度。本文最成功的一点就是针对同一论据从不同角度证明不同的论点。文章中“最先”、“第一个”、“创先”等语的反复运用，假设论证、因果论证、比喻论证等多种论证方法的运用，使文章具有力度，且使古语有时代性。

不知足者常乐

天津南开中学高三　杨　枫

老人们常说："知足者常乐。"然而我却觉得"不知足者常乐"才是正确的。

知足，是知道满足的意思。倘若引申一下，作安于现状，满足于停滞不前解，那社会怎能向前发展？如此下去，又如何"乐"得起来呢？只有在学习上，事业上永不满足，才能不断进取，获得成功。

知足，是学习上的大敌。如果一个同学总抱着"比上不足，比下有余"的"乐观"想法，认为学得差不多就行了，不必再努力了，结果必然是学习成绩下降，正是"知足"阻碍了他的进步。又如宋代的方仲永从小聪明过人，只因其父就此满足，不让他再好好学习，结果也成了平庸之人。因此，学习上要不知足，向大自然，向社会学习知识，"活到老学到老"。

在科学研究上知足，必将一事无成。无数科学家都是由于"不知足"而取得了一个又一个辉煌的成就。世界著名的物理学家牛顿发明了力学三定律，对人类作出了杰出的贡献，他该知足了吧？听他是怎样说的："我不知道，在别人看来，我是什么样的人。但在我自己看来，我不过就像一个在海滨玩耍的小孩，为不时发现比寻常更为光滑的一块卵石或比寻常更为美丽的一片贝壳而沾沾自喜，而对于展现在我面前的浩瀚的真理的海洋，却全然没有发现。"一位功绩如此卓著的科学巨人还没有知足，我们这些知识还相当贫乏的学生怎能就知足了呢？

我国的医学博士林巧稚在获得学位的八年学习中，正是由于不知足，对医学的执著追求，大胆探索，才成为举世闻名的妇产科专家，填补了中国医学史上的一项空白。

以上说明，只有不知足才能有所进步，才能有所成就，才能成为一个伟人。不知足才是前进的动力，登上科学高峰的云梯。

对一个人是如此，对一个国家来说，又何尝不是如此呢？

知足，安于现状，甚至像过去那样，总是关起门来自夸，什么我们地大物博啦，我们如何如何优越啦，等等。岂不知，打开国门，人们才猛然醒悟，原来我们落后得很，无论工业、农业，还是科学教育，都与世界先进国家有好几十年甚至一百多年的差距！知道了自己的不足与落后，就会增强我们的危机感，就要奋力拼搏，就要奋起直追，就要开放改革。坚决把改革和四化大业搞好。这样，一个光明的中国，一个大有前途的民族，才会重新耸立在世界上，这是多么伟大而艰辛的事业，这是多么令人激动而神往的事业！否则，“灭六国者，六国也，非秦也!”到那时，开除我们球籍的，将不是别人，而是我们自己！

我们没有知足的资本，谁知足，将来就要被社会所淘汰，将受到生活的惩罚，将会受到历史的惩罚！让我们以“不知足者常乐”为座右铭，并以此作为化危机为拼搏的动力，在改革开放和四化建设的伟业中，奋勇前进！

〔**评析**〕　本文思维活跃。论证的面比较宽，以自己的体会和对社会的观察，从学习到事业，从个人到国家，逐层分析。先破后立：“知足是学习上的大敌，知足必将一事无成，然后明确不知足才能有所进步，有所成就，才能成为伟人。引证深刻，说理发人深省。

从“班门弄斧”谈起

北大附中高三　周　圆

“班门弄斧”这个词最早出现在明朝梅之涣题李白墓的诗里。因为当时在李白墓上乱题诗的游人很多，所以他写下“来来往往一首诗，鲁班门前弄大斧”来讥讽这类游人。从此这个词就被用来批评那种在行家面前显示自己本领的行为，近乎于“自不量力”的意思了。

其实，如果仔细推究这种思想，我们会看到它带着很强的封建观念。两千年的封建礼教，影响了我们对“权威”的更全面的认识。社会当然需要有权威，但是，我们总认为权威是最好的，不可更改的；谁要是敢在权威面前表现一点自我，谁就会被视为不自谦，甚至可笑。不是还有一句话叫做“关公面前要大刀”吗？说的也是这个意思，只是更不客气些了。殊不知，这种思想束缚了多少人，又使多少本来可以早些发现的定理、定律，却被推迟了几百年，甚至上千年才问世！今天，我们应该为“班门弄斧”平反，应该大力提倡“班门弄斧”的精神了！

不容否认，在人类发展的各个历史时期里，权威的作用仍是不可估量的。因为人的生命有限，探求知识的手段也有限，所以我们不可能事无巨细地亲自实践。对每个人来说，大部分知识都是从书本上、从前人那里学来的，这其中自然包括了历代至今的各种权威理论。而且，权威的建立，也有利于在科学领域里统一各种思想，树立“航标灯”。说到“班门弄斧”，如果没有“权威”这个金碧辉煌的正殿坐落在这里，就不会有什么能工巧匠找上门来弄斧了。

学习了中外历史之后，我们可以得到很多有益的启示。在科学的发展史上，有不少伟人是“班门弄斧”而取得成功的。伽利略推翻了亚里士多德延续了两千多年的动力学理论；华罗庚19岁时发表论文，指出了著名数学家苏家驹的错误。笛卡尔、牛顿、陈景润等一代又一代科学家对前人的理论进行了推翻，创新，再推翻，再创造，每一次新的理论的提出，都使科学的发展进入了一个崭新的阶段；而他们的勇敢的行动，在未被人们承认之前，又何尝不是“班门弄斧”呢？

那么，是不是提倡“班门弄斧”，就不要前人的经验了呢？当然不是的。“班门弄斧”者不仅要有勇气，更要具备真才实学，试想一代代的伽利略、华罗庚们，如果对科学钻得不深不透，就不可能比前人看得更高、更远，也就不可能有弄斧的行动了。

所以，我们要提倡的“班门弄斧”，正是指要善于学习前人理论，而在此基础上，又敢于破除权威的影响，提出自己的见解。这样一种对待权威的态度是科学的、全面的。俗话说：尺有所短，寸有所长。权威不等于科学，权威的理论更不是永恒不变的真理。就说木匠的祖师鲁班，他的手艺再高明，也不能和现代的科学工艺相比。我们又怎能总抱着“祖师”的牌子不放，不敢越雷池一步呢？

不敢“班门弄斧”，正是由于受权威的左右，失去了自我。不敢“班门弄斧”，就不能推陈出新，历史怎能向前发展，科学怎能更快进步？

而“班门弄斧”，是不盲从，有主见的表现，是敢于发表自己思想的表现。这样的精神，正是我们社会所缺少的。

所以，让我们一起来做“弄斧”的勇士吧！我们的社会一定会呈现出“百花争艳，百家争鸣”的繁盛景象！

〔评析〕 类似的文章，中学生写起来往往易偏激，但是本文作者却是比较全面地谈了如何对待权威的问题。既重点谈了不受权威的束缚，又谈了学习权威的重要性。较辩证地进行说理。既有演绎推理，又有归纳推理，思路清晰，针对性强。

（三）命题试析

《面对历史……》

这是个论题型的命题。面对历史，我们思考什么，我们该采取什么样的态度呢？我们可以得到什么样的启发呢？行文可以并列式结构进行组织，宜用归纳或演绎论证，阐明资于治世、推陈出新等问题。

《学古与泥古》

这是转折关系的命题：学习前人的经验，但不必拘泥于前人的事迹。可以学《察今》的论证方法，行文结构，着重阐明学习前人的态度和方法问题，宜从“推陈出新”“古为今用”去立意。

（四）名篇欣赏

最好的纪念

杨肇基

又是五月四日，一个值得深深纪念的日子。

七十三年前的今天，一代满怀爱国激情的热血青年，在半封建半殖民地的黄土地上，第一次树起了“科学”与“民主”的旗帜，为古老的中华民族点燃了希望新生的火炬，他们惊天动地的壮举，在中国革命运动史上留下了不朽的篇章。七十三年后的今天，我们怎样去纪念这个光辉的节日呢？我以为，最好的纪念就是：紧紧地抓住今天。

今天，既是过去历史的延续，也是未来历史的开端。今天的全部意义，就在于发展超越过去，开拓创造未来。倘若我们只是一味地沉缅或陶醉于过去，理想地描绘和憧憬于未来，而轻易地忽视甚而放弃今天，那么，历史何以进步，人类文明何以发展，纪念过去的历史又有何意义？因此，紧紧地抓住今天，这不仅对于过去是最好的纪念，而未来纪念今天时，这将同样是最好的纪念。

抓住今天，要敢于突破历史刷新历史，想前人所未曾想干前人所未曾干的事情。可以说，历史的发展，从来就没有什么顶峰极限，更不会有固定现成的模式，一切都需要从今天想起从今天做起。我们不妨想想，今天中华大地所发生的一系列巨变，“联产承包”，“三资企业”，“经济特区”，“一国两制”，以至“具有中国特色的社会主义”……哪条是来自先人的经典？哪条是过去拟就了的框框条条？这一切正是今天对历史的发展，正是今天成功的尝试和大胆的创造。今天，仍有许多禁区有待我们去闯，仍有许多荒野急需我们去开辟。能否牢牢地抓住今天，这将取决于我们能否进一步解放思想，彻底摒弃僵化与保守，走出一条新的路子。

抓住今天，要突出一个“干”字，也就是说，要树立一种敢闯敢干的大无畏精神。改革开放的巨大成就是干出来的，社会主义的日益繁荣是干出来的。“小康水平”要去干，现代化的实现要去干。如果只想不干或只讲不干，再美好的愿望也只能是空中楼阁，再宏伟的蓝图也只能是海市蜃楼。不是有句名言“一个实际行动胜过一打纲领”吗？今天，改革开放为青年一代施展抱负开创了前所未有的广阔天地，同时，也将严峻的历史挑战摆在了青年一代面前。我们没有任何理由不去积极实践，我们没有任何选择而只有投身大干。干，是今天的时代主弦律，是创造今天的真正力量。要想抓住今天，就须勇敢地去闯，扎扎实实地去干。

未来属于青年，今天同样是属于青年的。现代化建设的强大生力军，不正是由今天的青年一代所组成，改革开放的艰巨使命，不正是靠今天的青年一代去完成吗？没有今天的耕耘，就不会有明天的收获，没有今天的奋斗，就不会有明天的成功。由此可见，青年一代既是今天奋斗的实践者，也是明天成功的实现者。既要着眼于未来，更要立足今天，从今天做起。

紧紧地抓住今天吧，抓住今天我们将无愧于昨天，无愧于今天，也将无愧于未来。

哲理·思辨篇

（一）立意指南

生活就是思考

阿渥雷疏欧斯说："人生是思想的产物。"我们尽可以自己的情感去丰富自己的生活，但是，不能缺乏思考。广博的思想，成熟的思想，缜密的思想，可以产生希望，可以产生动力，可以使我们从无走向有。

因为思考，我们少了鹦鹉学舌去人云亦云了；因为思考，我们就不会面对红绿灯而惊惶失措了；因为思考，我们就不会为人生要抉择而痛苦了；因为思考，我们就不会莫名其妙地冲动或堕落了……面对历史，我们学会沉思——不会因为祖宗的丰功而飘飘欲仙，也不会因为祖宗的耻辱而妄自菲薄；面对现实，我们学会怀疑，——不会因为创业艰难而怨天尤人，也不会因为"上下求索"而一筹莫展；面对未来，我们学会展望，——不会因为不可企及而安于现状，也不会因为现在而放弃未来。

对于人类，怀疑和信仰，两者都是必需的。"怀疑即思考。"怀疑把昨日的信仰摧毁，替明日的信仰开路，使人生走向丰富，走向辉煌。古人说："学而不思则罔，思而不辨则昧。"这是必然。

没有判断力的思考，永远只是个人意志；没有辨别力的思考，永远只是个人的随想。任何思考少了这两个前提，便没有了开始，更无谓过程与结果了。靠侥幸得来的一点满足来得突然，走得痛人。

因为思辨，我们才不会脱离国情去搞一些不切实际的展望；因为思辨，我们才不会脱离自身的水平去做"突飞猛进"的幻想；因为思辨，我们才懂得舍弃，知道得失，明白抓住机遇，晓得开拓活源，领悟奋斗的含义，悟彻如何把命运转换成使命——顺境中未必没有不称心不如意的事，逆境里未必没有慰藉与创造——之所以不会沉陷于环境，就因为我们是人，我们的思想是我们生命里崛起的，我们的意志是我们心灵里生长的，我们的判断更发自于我们的脑髓的。

人活着就注定要思考。思考即人生。

（二）习作选评

说“方圆”

东北师大附中高三　曹　阳

正方形和圆形是几何图形中最完美的图形。它们是那样匀称、规矩，以至于举凡天下经人手所创造的物品，从大到小，多是“方”和“圆”的排列、集合。然而，要做出标准的“方”和“圆”来，必须得有严格的规矩。没有四边相等，四角为直角的条件，何以为“方”？没有一定的圆心和一定的半径，又何以为“圆”？因此，成“方圆”的过程，也是一个“循规矩”的过程。一句话，“没有规矩无以成方圆”。

如果我们把某项事业的胜利，某种努力的成功比做“成方圆”，那么，胜利和成功的取得就必须要依“规矩”办事。违背“规矩”，做出的图形会方不方，圆不圆。同样，违背规律，你所从事的事业也达不到预期的目标。这“规矩”其实就是不以人们的意志为转移的客观规律。

就社会主义现代化建设而言。如果不从马克思主义的经济发展规律出发，制订适合中国国情的方针、政策、计划、方法，反而幻想着今日“跑步进入共产主义”，明日又照搬外国，全盘“东化”或“西化”，都会欲速不达，都会使我们的经济建设受挫折，使我们的事业受损害。以往的“大跃进”变为“大跃退”，十年改革中在经济方面的某些失误，都可以使我们从中体味到背离规律的苦涩味道，都会在我们耳边敲响警钟：规矩不可离也。

小到我们的学习而言，难道就能够离开“规矩”乱来一通吗？有的同学不从中学生应该掌握的知识体系出发，研究自己的学习基础和现状，制订出切实可行的学习计划，而是冥思苦想，死抠难点，结果忽视了基础；有的同学死抠书本，却不加强“双基”的训练，结果，没有把知识变成自己的能力；有的同学学了邓拓同志的《不求甚解》，就又无巨细、无轻重、无缓急地“重打锣鼓另开张”。这样背离学习的“规矩”而随意安排的“短期行为”，十个有十个要失败的。

我们党和国家的事业必须兴旺发达，我们每个人都企望自己获得成功，而通向胜利的必经之路就是循“规”蹈“矩”。滥砍乱伐森林会使沙漠逐渐扩大而毁灭现代文明；工业发展过快会使环境受到污染而毁灭人类生活的基本条件；执法不严，社会上就会出现丑恶现象；监督不严，党内就会出现不正之风……这就跟人不吃饭要挨饿，不穿衣要冻病一样，都是显而易见的。不多学些唯物论的基本知识，不多多地掌握各项事业自身的内在的“规矩”，我们就不能成“方圆”。这个道理，应当被越来越多的人们所认识了。

〔评析〕　文题涉及面较宽，习作者当仁者见仁，本文立意虽看似新意不足，但能从历史经验、教训入手，摆事实，细分析、扩论博证到事业要搞上去必须遵规循律，严守法纪上面，给那些违背规律者敲了警钟。于平实之中见新鲜感，见深刻性。

小议“得与失”、“取与弃”

——由一句格言说开去

南京师大附中初三　程　昉

战国时期，法家学派的创始人韩非子曾说过：“将欲取之，必先与之。”事物有得必有失，有失也有得，为此我们对每一事物都应先权衡得失，然后再作出抉择。

古时有一位赵国人，因家里老鼠为害，特地从中山国找来一只猫。一个多月后，家中的老鼠消灭了，但养的鸡却被猫吃光了。他的儿子问他为什么不把猫赶走，他却说：“家中的祸患在于有鼠，不在于无鸡。有鼠，就会偷噬食物，咬烂衣服，钻穿墙壁，弄坏器皿。这样的损失要比无鸡更大。无鸡，不吃鸡就是了，但比挨受冻饿好多了，为什么要把猫赶走呢。”这位赵国人显然是很善于斟酌得失的，他深深懂得任何事物都有两个方面，只要是得大于失的，就取；失大于得的，就弃。这种做法可谓明智矣！

对事物得失的权衡，小则关系到一些微不足道的家庭琐事，大则关系到一个人一生的成长和前途。比如现在有些个体户让子女放弃学业去经商，而这些正值学龄的孩子们也不愿意刻苦学习，只知千方百计地挣钱，表面上看起来发了财，成为了万元户，甚至百万元户，可是，实际上却是毁了这些孩子的前途和一生？因为他们小小的年纪满脑子想的都是“挣钱”，为了挣得更多的钱，简直不择手段，使他们没有一点科学知识，甚至没有了道德观念。试想，这是“得”多，或是“失”多呢！

南北朝时的梁朝，有个叫江淹的读书人，年轻时很有才华，所写诗文曾轰动一时！受到很高的评价。后来。他当了官，热衷于官场的那一套，认为自己学得差不多了，人生应及时行乐，无须继续奋进了。于是才干大大不如从前，最后以至学识落在常人之后。这就是所谓的“江郎才尽”。江郎由于不明得失，不权衡利弊，不去认真斟酌官场的一套及时行乐与刻苦读书、增长学识对自己一生的得失利弊，从而落得连平常人都不如的可悲下场。

由此我们得到一点启示：凡事必有得失，而做事应懂得先权衡得失，然后再作出最佳抉择。凡得大于失，我们就取，失大于得，我们就弃。若不明得失，颠倒利弊，那么我们便只能做“江郎”了。

〔评析〕 给名言的文章，关键是要把握其中的意思，抓住内核，然后生发开去。本文从韩非子的一句话开掘新意，抓住“取”和“弃”，“得”与“失”的辩证关系，佐之以具体事例，进行深刻的阐述。既有掌故，又有新例，内容较丰富。

清流和活源

上海师大附中高三　朱海鸾

看到一条清澈的小溪淙淙流过，你一定会在感叹它的清澈之余联想到那或许是来自山巅的瀑布，或许是皑皑积雪的融水，它们是小溪的源头，是它们赋予了小溪那美丽的生命。

可见，要有清流就必须要有一个活源。正如每个充满活力的企业都有一个经济头脑发达的经理；每个安定团结、经济文化发达的国家都有一个良好的领导体制。一个政策会给整个集团乃至社会带来不可估量的变化。十年动乱期间，某些阴谋家为了达到某种目的，猖狂推行一条极“左”路线，结果使中国遭受了不可弥补的巨大损失：国民经济濒临崩溃，社会秩序十分混乱，人民的素质日渐下降，简直后患无穷。然而党的十一届三中全会后，党中央面对“乱摊子”，做出了改革的决定。尽管它的具体措施并不完美，甚至还有些不合理，但有谁能否认改革这条宗旨的正确性呢？正是这一活源使十年动乱搞浑的大河中出现了股股清流，才使城乡经济得以繁荣，对外贸易得以开放……

那么，有了活源是否就一定有清澈的潺潺流水呢？我们不难想到那汹涌澎湃的古老摇篮——黄河。沿着与黄土高原同色的洪流向上溯源，我们会发现它有一个清澈的源头。洁净的冰雪融水淙淙地淌着——这竟是黄如泥汤的黄河之源！万物都与大自然同生息，人类的活动不会逾越大自然的规律。社会上不正流传着一条“上有政策，下有对策”吗？再好的活源又怎禁得住“风沙”的污染？再好的政策又怎抵得住对策的侵蚀？一句合理的“物价调整”却成了“物价疯涨”的落实法，老百姓怨声载道，政府鞭长莫及。

呜呼！活源未必有清流！

我们渴望有一个活源，更渴望有许多清流。因为正是为了渴望清流才如此渴望活源。然而造化常常把人创造成为一个远视眼——处于大流中的我们总是过分地依赖于源头。其实我们不必苛求，我们只有把自身修炼得更完善，才能使活源流出的水更清澈。

〔**评析**〕 作者抓住清流和活源之间的关系，从要有清流必须要有活源，有了活源未必有清流入手，论证了“源”的重要，同时用当前社会的“对策”证明“流”的不可忽视。本文语言丰富，句式灵活多变，能化大为小，因小见大，立意自然。

从“指不若人”谈起

北大附中高三 叶海东

孟子在谈起一个无名指有残疾的人时说：“非疾痛害事”却要“不远秦楚之路”而求医，而对“心不若人”却“不知恶”，实在是不知轻重。不管这个小故事到底完整与否，单从指与心的对比，就可以使人们从中领悟出什么来。

什么是“指不若人”和“心不若人”呢？我觉得这是表面上的不足和实质上的缺点的关系。表面上的不足很容易发觉，好比大家一起分东西，某个人分得的东西少了一点，他肯定能觉出缺了点什么。可实质上的缺点不容易察觉，因为它隐藏在思想深处，并下意识地左右、控制人的思想，使人的思想对这种缺点反应麻痹。但不是说本质上的不足就无法改变，人在不断地加深认识和反省之中，一定会逐步发觉并改进的。

表面上的不足要弥补，但并不是一定要弥补，因为有些实在无关痛痒，若为此因小失大就不值得了。而本质上的不足，思想上的缺点一定要改进，而且是不断地改进，这才能使一个人真正走向自我完善。

这个问题实际上还是一个分清主次的问题。拿学生学习来说，一个学生学习成绩不好，这是表面的不足。如果他只单纯从提高成绩，考分上考虑，而不从本质上即学习态度方法上考虑，那么他就很有可能对此一筹莫展，束手无策，或因此而不择手段地去作弊。这就远离了学习的宗旨，只知“指不若人”而不知“心不若人”。这时他只有深入反省，找出本质的差距，改善学习方法，端正学习态度，才有可能使自己的学习水平得到真正的提高。

小到学习，大到国家都是如此。现在我国国力不如人家是显而易见的，但如果只看到什么钢产量不如别人，生产电冰箱总数不如别国等等表面现象，那就很有可能片面地“搞建设”。前一段时间大量进口微电脑，认为这样就是提高了我国电子工业发展水平，结果造成严重的滞销。别的方面跟不上，实际上是造成巨大的浪费。还有现在多如牛毛的“高档饭店”，美其名曰“发展旅游业”，可结果如何？大家有目共睹。这就需要我们从根本上加以考虑了。全民思想素质，文化素质偏低，生产力中决定性的因素——人的因素那么差，还谈什么生产力的发展？所以说，发展教育等才是治国之本。这才是“心不若人”之所在。

不管干什么都应该抓住根本，这就是说，“指”要治，“心”更要治。

〔评析〕　“借题发挥”是议论文中常见的一种构思手段。往往抓住材料中的某一点，结合现实生活中的问题展开议论。本文抓住“指不若人”和“心不若人”，深入浅出，从个人修养到国家大事，从表面现象到实质，用语委婉周详、论证严密。

顺境与逆境

上海师大附中高二　张　明

顺境和逆境是两种不同的外界环境与条件，如何在这两种情况下把握好自己，依靠自身力量往往是一个人成才的关键。

在成长过程中，有一个良好的环境，顺利的条件，无疑是成才的重要因素，但如果太依赖于此，稍有些挫折，就意志消沉，这就不行，就是被顺境娇惯了。同样，如果被眼前舒适的环境和顺心的进程所蒙蔽，以为事随人愿，万事大吉，而不愿攀更高的目标，只图一时满足，那也不可取，很可能就此名落孙山，尤其在目前充满竞争的社会里，更会被社会所遗弃。以上两种是在顺境面前的错误态度，因此，即使在顺境条件下，也仍要坚持不懈地奋发进取，才能到达胜利的彼岸。

也有些人信奉“逆境出人才”。的确，一个人处在恶劣环境中，会激发出一种愤发图强的激情，加之持续地勤奋努力，最终会成才的。奥斯特洛夫斯基在卫国战争中失去双目后，不甘沉沦，以常人难以想象的毅力，写出了《钢铁是怎样炼成的》，成了一位举世闻名的无产阶级作家。这就说明，毅力和勤奋是改变人的天赋，战胜逆境的最好方法。然而，并非人人如此，有些人在逆境中怨天尤人，一筹莫展，甚至走上绝路。鲁迅先生曾说过“不在沉默中爆发，就在沉默中灭亡”的话，正是逆境中两种不同态度的写照。

由此可见，顺境和逆境是可以互相转化的，关键在于人们自己主观的努力。一个人处于顺境中，如果居安思危，不随客观条件而松懈，是会成功的；但如果放松对自己的要求，满足眼前暂时的顺利，就会退步，最后还会进入不利的逆境难以自拔。相反，一个人处于逆境中，不沉沦，不颓唐，而是凭毅力战胜眼前的不利局面，以超出别人的勤奋工作和学习，最终会摆脱逆境，走向顺利的。

对于我们处在20世纪90年代的中学生来说，较前人有更优越的成才环境，我们理应珍惜这样良好的环境，孜孜不倦地努力学习。胜不骄，败不馁，最终总会取得成功的。

〔评析〕 这是一个老话题。但是，作者的重点不是落在环境对人的影响，而是抓住二者的关系进行思辨。文章以说道理为主，目的是帮助我们同学正确地认识自己的生活环境，充分地利用环境。顺与逆，关键是如何去看待的问题。文章说到二者的转化，很客观地突出了思辨这一要素，为文末的结论作了恰到好处的铺垫。

实力与机遇

上海师大附中高二　郭思敏

实力，一般指一个人掌握的知识和能力。机遇，则是指好的境遇或好的机会。我认为，这两者都是成才的必要条件，是相辅相成的。光有实力而没有机遇，或光有机遇而没有实力都是无法成才的。

光有实力而缺少机遇，那你就像是没有割开的和氏璧，没有人会知道你是块宝玉，会知道你的价值。提起诸葛亮，大家都知道他是三国时期蜀国著名的军事家。他曾联吴抗魏，七擒孟获，六出祁山，为蜀国立下了汗马功劳，甚至“死诸葛能走生仲达”，使人一提起他，便赞叹不已。但是，当初若没有刘皇叔三顾茅庐，请他出山，那么，即使诸葛亮自幼熟读兵书，满腹经纶，通晓天下形势，也只不过是个“村野匹夫”，永远成不了大事。所以说，光有实力而没有机遇成不了才。你只能在那里独自感叹怀才不遇。

那么，光凭机遇而没有实力能不能成才呢？我们说，同样也不能。这就好比是守株待兔，你没有打兔子的本领只想凭机遇，去捡撞死在树上的兔子，这怎么可能呢？“滥竽充数”的故事我们都知道，南郭先生没有吹竽的本领，却混在齐宣王吹竽的乐队中，虽然也混了一段日子，但当齐宣王死后，齐湣王继位，齐湣王喜欢听独奏，这时南郭先生只好溜走了。可见，没有真才实学的人最终将被淘汰。当今社会，人才辈出，人人都必须凭借一技之长才能在社会上占一席之地，如果你没有一定的知识和能力，恐怕是很难受人欢迎的。

只有既具备了实力又把握住了机遇，才能最后成才。牛顿就是一个典型的例子。牛顿从小喜欢数学，打下了扎实的基础。当他躺在苹果树下，看到苹果落地时，他抓住了这个机遇，开始思考，凭借他的实力，终于，悟出了万有引力定律这个科学的珍品。苹果落地是件普通的事，但是牛顿却抓住了这个机遇思考引力问题。试想，如果你没有实力，不懂物理，那么即使一千只苹果在你面前落下，你也得不出万有引力的定律。

由此，我们可以得出结论，机遇和实力是成才缺一不可的条件。作为学生，现在我们必须先打好扎实的基础，在机遇到来时，就能抓住它，成为祖国的栋梁之才。

〔**评析**〕　这是阐释性议论文。作者先阐释概念，然后由此提出自己的看法：二者都是成才的必要条件，是相辅相成的。分述是这类命题的常见格局。作者以摆事实为主，先从机遇说起，这是抓住实际生活中最普遍的看法说起，有种破的效果，再说实力，强调其重要性。最后从二者的不可分说，回应开头的中心论点。文章思路清楚，语言辩证而有分寸。

（三）命题试析

《论“历来如此”》

“历来如此”是常可听见的托词，立意对此应持否定态度。强调对“现存”的东西要有合理的思辨，要学会思辨。“历来如此”并不是千正万确，况且“如此”“历来”，必有缺损，不合情理的地方。文章以破为主，破中有立。宜用引证法，例证法。

《走向自然，走向生活》

自然会给我们什么？生活会给我们什么？走进去以后才会明白。如果一个人总是囿于自己的天地，不仅所知有限，而且会感到很空、很苦、很累。自然和生活恰恰会给我们许多哲理的启迪，教会我们如何处世，如何生活。宜用谈心式去写。

（四）名篇欣赏

听　泉

〔日〕东山魁夷

鸟儿飞过旷野。一批又一批，成群的鸟儿接连不断地飞了过去。

有时候四五只联翩飞翔，有时候排成一字长蛇阵。看，多么壮阔的鸟群啊！……

鸟儿鸣叫着，它们和睦相处，互相激励，有时又彼此憎恶、格斗、伤残。有的鸟儿因疾病、疲惫或衰老而失掉队伍。

今天，鸟群又飞过旷野。它们时而飞过碧绿的田原，看到小河在太阳照耀下流泻；时而飞过丛林，窥见鲜红的果实在树荫下闪烁。想从前，这样的地方有的是。可如今，到处都是望不到边的漠漠荒原。任凭大地改换了模样，鸟儿一刻也不停歇，昨天，今天，明天，它们继续打这里飞过。

不要认为鸟儿都是按照自己的意志飞翔的。它们为什么飞？它们飞向何方？谁都弄不清楚，就连那些领头的鸟儿也无从知晓。

为什么必须飞得这样快？为什么就不能慢一点？

鸟儿只觉得光阴在匆匆忙忙中逝去了。然而，它们不知道时间是无限的。永恒的，逝去的只是鸟儿自己。它们像着了迷似的那样剧烈，那样急速地振翩翱翔。它们没有想到，这会招来不幸，会使鸟儿更快地从这块土地上消失。

鸟儿依然忽喇喇拍击着翅膀，更急速、更剧烈地飞过去……

*　　*　　*

森林中有一泓清澈的泉水，发出叮叮咚咚的响声，悄然流淌。这里有鸟群休息的地方，尽管是短暂的，但对于飞越荒原的鸟群说来，这小憩何等珍贵！地球上的一切生物，都是这样，一天过去了，又去迎接明天的新生。

鸟儿在清泉旁歇歇翅膀，养养精神，倾听泉水的絮语。鸣泉啊，你是否指点了鸟儿要去的方向？

泉水从地层深处涌出来，不间断地奔流着，从古到今，阅尽地面上一切生物的生死，荣枯。因此，泉水一定知道鸟儿应该去的方向。

鸟儿站在清澄的水边，让泉水映照着身影，它们想必看到了自己疲倦的模样。它们终于明白了鸟儿作为天之骄子的时代已经一去不复返了。

鸟儿想随处都能看到泉水，这是困难的。因为，它们只顾尽快飞翔。

不过，它们似乎有所觉悟，这样连续飞翔下去，到头来，鸟群本身就会泯灭的。但愿鸟儿尽早懂得这个道理。

* * *

我也是群鸟中的一只，所有的人们都是在荒凉的不毛之地上飞翔不息的鸟儿。

人人心中都有一股泉水，日常的烦乱生活，遮蔽了它的声音。当你夜半突然醒来，你会从心灵的深处，听到幽然的鸣声，那正是潺潺的泉水啊！

回想走过的道路，多少次在这旷野上迷失了方向。每逢这个时候，当我听到心灵深处的鸣泉，我就重新找到了前进的标志。

泉水常常问我：你对别人，对自己，是诚实的吗？我总是深感内疚，答不出来，只好默默低着头。

我从事绘画，是出自内心的祈望；我想诚实地生活。心灵的泉水告诫我：要谦虚，要朴素，要舍弃清高的偏执。

心灵的泉水教导我：只有舍弃自我，才能看见真实。

舍弃自我是困难的，甚至是不可能的，我想。然而，絮絮低语的泉水明明白白对我说：美，正在于此。